LES SECRETS DE JUDAS

James M. ROBINSON

LES SECRETS DE JUDAS

HISTOIRE DE L'APÔTRE INCOMPRIS ET DE SON ÉVANGILE

Traduit et adapté de l'américain par
Joseph Antoine, Bernard Ferry, Andrée Nahline
et Isabelle St Martin

Michel LAFON

Avertissement :

Les notes de l'auteur, indiquées par des chiffres romains, sont regroupées à la fin de l'ouvrage.

Titre original :
The Secrets Of Judas
Paru pour la première fois aux éditions HarperSanFrancisco,
une division de HarperCollins*Publishers*

7-13, boulevard Paul-Émile-Victor - Île de la Jatte
92521 Neuilly-sur-Seine Cedex

INTRODUCTION

de Rémi Gounelle

Professeur d'histoire de l'Antiquité chrétienne
Université Marc-Bloch (Strasbourg-II)

Les chrétiens des trois premiers siècles ont composé plus d'une quinzaine d'évangiles, quelques textes rapportant les aventures de certains apôtres (actes d'apôtres), plusieurs apocalypses et lettres mises sous le nom des disciples de Jésus. Seule une petite partie de ces textes a été recueillie dans le Nouveau Testament. Les autres – comme l'*Évangile de Judas* – sont couramment appelés « apocryphes », d'un terme grec dont le premier sens est « caché ».

Les évangiles apocryphes

À l'origine, le terme « apocryphe » était positif : il signifiait qu'un texte transmettait un message d'une telle valeur qu'il ne devait être connu que de ceux qui le méritaient. Pour les mouvements ésotériques de l'Antiquité, c'était un compliment que de qualifier un texte d'« apocryphe » ! La lutte contre ces mouvements, progressivement marginalisés, a donné un sens négatif à « apocryphe » : il est petit à petit devenu synonyme de « ayant une origine douteuse », voire de « faux ». Pour les historiens, dire d'un texte qu'il est « apocryphe » n'est ni positif ni négatif : c'est simplement constater qu'il parle de personnages ou d'événements liés aux origines du christianisme, mais qu'il ne figure pas dans la Bible. Les raisons de cette absence peuvent être multiples : un texte peut avoir été reconnu par certaines communautés mais rejeté par d'autres ; un autre peut simplement n'avoir circulé que dans un milieu très restreint ; un autre encore peut être largement reconnu sans être intégré dans la Bible, ou avoir été composé une fois le Nouveau Testament constitué. Chaque texte a connu une histoire complexe, que les historiens s'efforcent de reconstituer[1].

Les évangiles apocryphes sont mal conservés. De la majorité d'entre eux, nous n'avons que quelques fragments, voire le seul titre. La perte de ces ouvrages n'est pas le résultat de destructions systématiques, mais d'un processus de « sélection naturelle » : les développements théologiques des siècles qui ont suivi ont rendu un certain nombre de textes irrecevables, obsolètes, voire simplement inutiles, si bien qu'ils ont sombré dans l'oubli et n'ont plus été recopiés. Ce processus de sélection a aussi entraîné la disparition d'œuvres majeures des premiers siècles. Lorsque celles-ci refont

1. Cf. J.-M. Prieur, *Apocryphes chrétiens. Un regard inattendu sur le christianisme ancien,* Aubonne (Suisse), 1995 ; J.-D. Kaestli-D. Marguerat, *Le Mystère apocryphe. Introduction à une littérature méconnue*, Genève, 1995.

apparition, c'est souvent dans les circonstances les plus inattendues. Ainsi l'*Épître à Diognète* a-t-elle été découverte vers 1436 dans une poissonnerie de Constantinople ; si elle n'avait pas été repérée par Thomas d'Arezzo, nul doute qu'elle aurait fini sa destinée dans quelque feu, privant ainsi les historiens d'un document capital.

La découverte de nouveaux évangiles n'est pas fréquente, mais elle n'est pas si rare qu'on le prétend souvent. Celle de Nag Hammadi, faite au milieu du XXe siècle, est la plus connue, parce qu'elle a ramené au jour une multitude de textes dont on ne faisait que soupçonner l'existence (voir chapitre 3) [1] – parmi lesquels l'*Évangile de Philippe*, auquel le *Da Vinci Code* de Dan Brown a donné, grâce à une interprétation irrecevable, une audience inespérée. Mais d'autres découvertes, plus anciennes comme plus récentes, ont fait moins de bruit que celle de l'*Évangile de Judas* : quel média a parlé de la publication, en 1999, d'un nouvel évangile apocryphe que l'on appelle, faute de mieux, l'*Évangile du Sauveur* [2] ?

---

1. Cf. J.-D. Dubois-R. Kuntzmann, *Nag Hammadi. Évangile selon Thomas. Textes gnostiques aux origines du christianisme*, Paris, Cerf, 1987.

2. Cf. C. W. Hedrick-P. A. Mirecki, *Gospel of the Savior : A New Ancient Gospel*, Santa Rosa CA, 1999 et S. Emmel, « Preliminary Reedition and Translation of the *Gospel of the Savior...* », *Apocrypha* 14 (2003), p. 9-53.

Des évangiles ésotériques

Une partie des évangiles apocryphes ainsi mis au jour témoignent de formes ésotériques du christianisme des premiers siècles mal connues jusque-là. Parce que ces textes affirment que le salut des hommes résulte de la connaissance (*gnôsis*) de mystères secrets concernant l'origine et la fin du monde comme de l'homme, les historiens les désignent grâce au terme « gnose » ou « gnosticisme ». On a longtemps considéré ces mouvements comme des phénomènes extérieurs au christianisme – comme des tendances déviantes, voire carrément hérétiques. Mais la recherche récente a montré que la gnose fait partie intégrante du christianisme des origines. Les adeptes de ces mouvements ésotériques se réclamaient de Jésus et des apôtres, et des traditions qu'ils avaient reçues d'eux ; leurs rites se rapprochent de ceux des autres communautés et l'ésotérisme dont ils font preuve n'est pas leur apanage (cf. par exemple *Évangile de Marc*, 4, 10-34).

L'*Évangile de Judas* fait partie des textes produits par ces tendances ésotériques du christianisme. Une preuve manifeste de son caractère gnostique se trouve à la p. 54 du Codex Tchacos[1] : « Dieu fit que la connaissance soit donnée à Adam et à ceux qui étaient avec lui, de peur que les rois du Chaos et de l'Amenté [le monde souterrain] ne règnent sur eux[2]. » Cette

1. Codex qui regroupe plusieurs textes, dont l'*Évangile de Judas*.

2. Nous citons la traduction française provisoire de l'*Évangile de Judas* établie par Pierre Cherix (université de Genève) sur la base du

« connaissance » (*gnôsis*), voulue par Dieu, est donc apte à délivrer l'humanité des puissances qui l'oppressent. Une telle affirmation cadre parfaitement avec ce que nous savons par ailleurs de la gnose.

Intégrité de l'*Évangile de Judas*

Puisque Irénée de Lyon mentionne un *Évangile de Judas* dans son traité *Contre les hérésies*, ce texte était généralement considéré comme un apocryphe composé en grec avant les années 180 (voir chapitre 3). Cette conclusion est-elle valable pour le texte récemment découvert ? Autrement dit, le texte qui vient d'être édité est-il bien celui qu'a connu Irénée ? La publication du document permet de lever tout doute à ce sujet : les maigres informations données par Irénée y trouvent de clairs parallèles, si bien qu'on peut supposer, avec un fort degré de vraisemblance, que l'*Évangile de Judas* mentionné par Irénée de Lyon est bien l'*Évangile de Judas* transmis par le Codex Tchacos. Il n'y a donc apparemment eu qu'un seul *Évangile de Judas* dans l'Antiquité.

Le manuscrit découvert ne date que de la fin du IIIe siècle ou du début du IVe siècle et transmet un texte écrit en copte, la langue des chrétiens d'Égypte. Cette copie copte du IIIe-IVe siècle est-elle un fidèle reflet de l'original grec du IIe siècle ? La question peut paraître

---

texte copte mis à disposition sur Internet par The National Geographic Society. Les numéros de pages entre parenthèses renvoient aux pages du Codex Tchacos.

déplacée, mais nous savons que des évangiles ont circulé sous plusieurs formes dès l'Antiquité – c'est notamment le cas de l'*Évangile de Thomas*. En a-t-il été de même pour l'*Évangile de Judas ?* Il est difficile de le déterminer, faute de point de comparaison : on ne connaît pas d'autre copie de cet évangile, et aucune citation n'en a jusqu'ici été identifiée. En outre, le texte du Codex Tchacos n'est pas complet – plusieurs passages manquent ou ne peuvent être reconstitués –, si bien que la recherche d'éventuelles traces de remaniements ne peut aboutir à des résultats concluants. Nous ne pouvons donc être certains que le texte récemment découvert transmette la forme originale de l'*Évangile de Judas*.

Contenu de l'*Évangile de Judas*

Malgré l'état du Codex Tchacos, une grande partie de l'*Évangile de Judas* a pu être déchiffrée et certains mots, dont il ne reste plus que quelques lettres, ont pu être reconstitués. Ces reconstitutions seront discutées et peut-être remises en question lors de l'enquête historique qui ne fait que commencer, mais celle-ci permet d'ores et déjà de saisir les grandes lignes et les traits principaux de cet évangile.

Le texte découvert confirme les données dont nous disposions jusqu'ici : l'*Évangile de Judas* affirme que Judas a trahi Jésus non par jalousie, mais en raison d'un savoir supérieur, dont ne disposaient pas les autres disciples : Judas est celui qui « va offrir en sacrifice l'homme qui porte Jésus » (p. 53), c'est-à-dire celui qui permettra à Jésus de se libérer des liens de la chair, pour rejoindre le monde spirituel d'où il est issu. Mais l'*Évangile de Judas* ne met pas l'accent sur la trahison de Jésus ; il n'est que brièvement fait allusion à cette dernière dans les dernières lignes du texte (p. 58) : « (Les) grands-prêtres (des Juifs) murmurèrent : "C'est dans la salle d'hôte de son lieu de prière qu'il est entré." Et certains des scribes étaient là, qui observaient afin de le capturer dans le lieu de prière. En effet, ils craignaient le peuple car il était considéré par tous comme un prophète. Puis ils s'approchèrent de Judas et lui dirent : "Que fais-tu, toi, en ce lieu ? Tu es le disciple de Jésus !" Et lui leur répondit selon leur désir. Judas reçut de l'argent et il le leur livra. » Ainsi s'achève cet évangile, qui ne contient aucun récit détaillé de la trahison de Judas ni de la mort de Jésus, et qui ne dit presque rien de ce qui est arrivé par la suite à Judas ; le lecteur de l'*Évangile de Judas* apprend seulement que Judas sera exclu du groupe des disciples, et qu'il y sera remplacé, ce qui fait écho aux *Actes des Apôtres* canoniques, 1, 15-26 (voir chapitre 2).

La plus grande partie de l'*Évangile de Judas* est composée de propos échangés par Jésus avec Judas. Le début du texte – une sorte de second titre – le confirme explicitement : « Discours caché de la déclaration que Jésus a faite à Judas l'Iscariot pendant les huit jours qui ont précédé, de trois jours, sa célébration de (la) Pâque(s) » (p. 33). Cette phrase, qui pose de sérieux problèmes de compréhension, signale le cœur de cet évangile : il ne s'agit pas de la personne de Judas ou de ses actions, mais des propos tenus par Jésus ; ce sont eux qui donneront au lecteur la connaissance qui lui permettra d'être délivré des puissances qui l'oppressent.

Le récit débute par un prologue rappelant que Jésus, « étant apparu sur la terre, fit des signes et des miracles pour le salut de l'humanité » (p. 33) ; son message ne fit pas l'unanimité, et Jésus choisit ses douze disciples, à qui il parlait des « mystères qui concernent le monde et de ce qui se passera à la fin des temps ». Ces apôtres symbolisent l'Église instituée en train d'émerger et font l'objet de vives attaques tout au long du récit : Jésus affirme qu'ils ne savent pas réellement qui il est (p. 34) ; dupés par des puissances mauvaises, ils ont « planté en (son) nom des arbres sans fruits, et de manière honteuse » (p. 39). Les disciples rejettent les critiques de Jésus ; ils se mettent en colère et blasphèment contre lui (p. 34). Symboles des formes du christianisme desquelles le christianisme actuel descend, les apôtres sont accusés de trahir l'enseignement de Jésus avec arrogance. Contre eux se dresse la figure de Judas, plus humble, et apte à comprendre ce qui touche aux réalités spirituelles.

Jésus, s'apercevant de la singularité de Judas, lui demande de s'écarter des autres disciples et lui fait bénéficier d'un enseignement particulier : il lui enseigne les « mystères du Royaume », après l'avoir averti que cette mission sera pour lui source de souffrances (p. 35-36). Cet enseignement, rapporté par l'*Évangile de Judas* sous la forme de dialogues entre Judas et Jésus, comprend l'histoire de la genèse des puissances divines et du monde matériel, ainsi que l'histoire de « l'égarement des étoiles » (p. 46). Ces sections de l'évangile sont techniques, et leur contenu d'autant plus délicat à analyser que plusieurs sections des développements attribués à Jésus manquent.

Mis au bénéfice des plus grands mystères, Judas est appelé à « devenir treizième » (p. 46), c'est-à-dire à surpasser les douze disciples, par un de ces jeux sur les nombres dont les gnostiques sont friands. Cette supériorité spirituelle lui vaudra une malédiction éternelle de la part des hommes (p. 46), mais aussi le salut. C'est ce que matérialise la fin du récit : après avoir appris « toutes choses » à Judas (p. 57), Jésus lui demande d'« (élever) son regard et de (voir) le nuage et la lumière qui est en lui, et les étoiles qui l'entourent et l'étoile qui le devance » et l'avertit que cette étoile est la sienne. Dans ce « nuage lumineux », siège de la puissance primordiale, le « grand éon » (p. 47), Judas « entra » (p. 57). La scène qui se déroula alors est malheureusement très mal conservée : « Ceux qui se tenaient en bas entendirent une voix qui sortait du nuage et qui disait : « [...] grande [génération] [...] image [...] » (p. 57-58).

Un texte fiable ?

Quelle est la fiabilité de l'*Évangile de Judas ?* Apporte-t-il des informations nouvelles sur les origines du christianisme ?

Avant de répondre à cette question, une précision s'impose : la présence ou l'absence d'un texte sur Jésus ou sur les apôtres de la Bible ne dit rien de sa validité historique. La vérité n'est ni du côté des textes du Nouveau Testament, ni du côté des apocryphes : des éléments historiquement fiables peuvent se trouver dans les écrits canoniques aussi bien que dans les apocryphes. Tout dépend de leur date de composition, de leurs sources (orales ou écrites) et des modifications qui leur ont été apportées. Mais, dans un cas comme dans l'autre, les informations historiques ne se trouvent jamais pures : comme le rappelle James M. Robinson à propos des écrits du Nouveau Testament (chapitre 2), les textes sur Jésus et sur les apôtres composés dans les premiers siècles n'ont pas été écrits pour raconter fidèlement ce que Jésus et les apôtres ont vraiment fait, mais pour fixer et transmettre les traditions reçues et véhiculées dans des communautés.

Dans le cas de l'*Évangile de Judas*, la présence de nouveaux éléments sur la vie de Jésus et des apôtres est extrêmement douteuse. Le message qu'il transmet se réclame certes de Jésus, mais ses perspectives astrologiques aussi bien que sa polémique contre une institution ecclésiastique se réclamant des douze apôtres sont impensables dans la Palestine du Iᵉʳ siècle et ne peuvent donc être attribuées au Jésus historique. Enfin, les informations qu'il donne sur Judas sont suffisamment concises pour qu'on puisse suspecter que l'auteur de ce texte n'avait pas accès à des traditions spécifiques le concernant.

Inutilisable pour la recherche visant à reconstituer l'enseignement et la vie de Jésus et des apôtres – comme le soupçonnait James M. Robinson avant même sa publication (chapitre 6) –, l'*Évangile de Judas* n'en est pas pour autant un texte négligeable. Il apporte en effet des matériaux inespérés aux spécialistes de la gnose chrétienne. Les communautés se réclamant de cet évangile n'étaient en effet jusqu'ici connues que par les polémistes qui ont lutté contre elles (voir chapitre 3). Avec l'*Évangile de Judas*, les historiens disposent dorénavant de matériaux de première main ; ils peuvent tenter de comprendre leur enseignement de l'intérieur, d'analyser les critiques qui leur ont été adressées, et de situer ces communautés parmi les divers courants gnostiques. Cet évangile n'était toutefois pas le seul texte reçu par ces communautés, selon Irénée de Lyon (*Contre les hérésies*, I.31.3), qui ne donne malheureusement pas le titre de ces autres œuvres. Peut-être la recherche sur l'*Évangile de Judas* permettra-t-elle, par ricochet, d'en savoir un peu plus sur ce point.

Une légende décevante

Utile pour les spécialistes de la gnose, l'*Évangile de Judas* n'étanchera pas la curiosité de celui qui désire en savoir plus sur Judas. Aucun détail n'est en effet donné sur cet apôtre, qui est pourtant au cœur du récit. Cela n'est guère surprenant : les évangiles qui portent le nom de Marie Madeleine ou de Philippe ne parlent pas davantage des personnages dont ils se réclament. Ce silence s'explique aisément : les proches disciples de Jésus sont invoqués dans ces évangiles parce qu'on leur attribue la connaissance parfaite de l'enseignement de leur maître ; ils sont les porteurs de ce message, qu'ils transmettent fidèlement, mais leur personne importe peu.

Il n'en reste pas moins que Judas a fait preuve de développements légendaires dans d'autres milieux, témoignant de l'ingéniosité avec laquelle des érudits chrétiens ont comblé les lacunes du Nouveau Testament sur sa personne et ont réussi à combiner les données contradictoires qu'il contient à son sujet. Particulièrement remarquable est une histoire sur la naissance et l'enfance de Judas qui a paru en latin dans le courant du XIIe siècle et qui fit l'objet d'innombrables traductions, jouissant d'une certaine considération jusqu'au XIXe siècle [1]. Citée dans le chapitre de la *Légende dorée* de Jacques de Voragine (XIIIe s.) consacrée à Matthias, le successeur de Judas, cette légende reprend l'histoire de Moïse et le mythe d'Œdipe : après avoir couché avec son mari, Ruben, d'origine juive, Cyboréa rêva qu'elle allait accoucher « d'un fils terrible, qui causerait la perte de tout (son) peuple ». Ce présage explique que la naissance de Judas n'ait guère réjoui ses parents. Ils l'abandonnèrent à la mer dans une corbeille, qui s'échoua sur une île nommée Iscariot, où il fut recueilli par la reine de ce lieu, qui n'avait pas encore d'enfant. Peu de temps après, la reine accoucha d'un fils. Judas ne cessait de se chamailler avec ce prince

1. Sur ce texte, cf. la magistrale étude de P. F. Baum, « The Mediaeval Legend of Judas Iscariot », *Publications of the Modern Language Association of America*, 31/3 (1916) [N. S. 24/3], p. 481-632.

légitime, si bien que son origine fut dévoilée. Lorsqu'il apprit qu'il n'était qu'un enfant trouvé, Judas tua l'enfant de la reine et s'enfuit à Jérusalem, où il se mit au service de Pilate. Grand ami du gouverneur, il alla voler pour lui des fruits dans un verger proche de son palais. Surpris par le propriétaire de ces arbres, Judas le tua, sans savoir qu'il s'agissait de son propre père, Ruben. Pilate lui donna tous les biens du défunt, y compris sa femme, Cyboréa, qui n'était autre que sa mère. Meurtrier de son père, époux de sa mère, Judas découvrit ses forfaits en écoutant sa femme se lamenter sur ses malheurs. « Pris de repentir, il alla trouver notre Seigneur Jésus-Christ et implora son pardon pour ses crimes. » Il sut se faire aimer de Jésus. Trésorier des disciples, il n'hésitait pas à prendre dans la bourse ce qu'il voulait. Le gaspillage d'un flacon de parfum, répandu aux pieds de Jésus au lieu d'être vendu, l'amena à trahir son maître. Sa mort ne fut pas plus glorieuse que sa vie : pris de repentir, il se pendit (*Évangile selon Matthieu*, 27, 3-5) ; « son corps éclata par le milieu et ses entrailles se répandirent » (*Actes des Apôtres* 1, 18) [1].

Cette légende tardive témoigne d'un intérêt pour la vie de Judas qui n'est pas propre à l'Occident. Ainsi le *Livre du coq*, un récit de la Passion lu de nos jours encore lors des fêtes de Pâques en Éthiopie, fourmille-t-il de détails sur les manigances de Judas et de sa famille qui

1. Jacques de Voragine, *Légende dorée*, 45 (A. Boureau *et al.*, *Jacques de Voragine. La Légende dorée*, Paris, Gallimard, 2004, p. 222-224).

aboutiront à la mort de Jésus[1]. Des fragments coptes épars font de la femme de Judas tantôt la nourrice du fils de Joseph d'Arimathée[2], tantôt une ignoble personne poussant Judas à trahir Jésus pour avoir plus d'argent[3].

Ces traditions, dont l'origine est souvent difficile à déterminer, témoignent des réflexions que les chrétiens de tous les temps ont menées sur les raisons pour lesquelles Jésus a été livré et mis à mort. Leur richesse légendaire souligne, en contraste, la pauvreté des matériaux que fournit l'*Évangile de Judas* sur celui qui est censé être son héros.

Des découvertes plus prometteuses ?

D'autres textes apocryphes attendent encore d'être découverts, qui risquent de renouveler davantage notre connaissance du christianisme primitif. Parmi eux, l'*Évangile des Nazaréens,* l'*Évangile des Ébionites,* l'*Évangile des Hébreux*, dont il ne reste que de maigres fragments[4]. Ces apocryphes témoignent de formes du christianisme

---

1. Cet apocryphe est traduit par P. Piovanelli dans P. Geoltrain-J.-D. Kaestli, *Écrits apocryphes chrétiens,* II, Paris, 2006, p. 153-203.

2. J.-D. Kaestli-P. Cherix, *L'Évangile de Barthélemy d'après deux récits apocryphes*, Turnhout, Brepols, 1993, p. 177-178.

3. E. Révillout, *Les Apocryphes coptes*, II/2, Paris, 1946, p. 156-157, fragment 5.

4. Ces fragments sont traduits, avec d'autres, par D. Bertrand dans F. Bovon-P. Geoltrain, *Écrits apocryphes chrétiens* I, Paris, 1997, p. 395-484.

profondément ancrées dans le judaïsme, que les historiens ont retrouvées au cours des dernières décennies. La découverte de ces évangiles fournirait les matériaux qui manquent pour étudier ces mouvements, qui n'ont pas été minoritaires aux premiers siècles ; ils pourraient renouveler notre connaissance des débuts du christianisme. Mais rien ne dit quand ils seront découverts, s'ils doivent l'être un jour : le hasard joue en ces matières un rôle non négligeable.

R. G.

AVANT-PROPOS

On vient de redécouvrir l'*Évangile de Judas*, récit fictif du IIe siècle depuis longtemps égaré qui présente Judas comme un héros de l'Histoire ! Les propriétaires suisses de ce manuscrit l'ont soigneusement conservé à l'abri des regards, le temps de faire monter les enchères. La grande révélation a été soigneusement programmée pour Pâques par la National Geographic Society, afin de frapper un grand coup auprès du public. Les rares initiés ont été payés (probablement beaucoup plus que trente deniers d'argent) et ont juré le silence en prêtant serment sur une pile de bibles – à moins que ce ne soit sur un tas de feuilles de papyrus. Rien n'aurait dû filtrer...

Mais c'est fou ce que l'on peut découvrir avec un peu de curiosité. L'ouvrage que vous tenez entre vos mains a été rédigé par un *outsider*, un étranger à l'affaire, qui ne connaît pas tous les arcanes de la publication de l'*Évangile de Judas*. Nombre d'entre vous l'ouvriront parce qu'ils auront entendu parler de cette découverte, ou vu le documentaire réalisé par la National Geographic Society.

Vous trouverez ici un récit sans concession, ni expurgé, ni aseptisé, ni briqué pour en faire une sorte de « chasse au trésor » moderne. Les tractations juteuses menées autour de l'*Évangile de Judas*, comme la manière dont sa réapparition ou sa publication a été annoncée, n'ont rien de très ragoûtant. Mais vous avez le droit de savoir ce qui s'est réellement passé.

Je donne ici mon point de vue de chercheur qui, vous le verrez au fil de ces pages, a été largement impliqué dans « l'affaire Judas » au cours des dernières décennies. Vous me verrez, toujours en ma qualité de chercheur, exprimer la consternation, voire le dégoût, que m'ont inspiré une bonne partie de ces événements. J'expose tout au grand jour, avec toute la documentation que j'ai pu rassembler, afin que vous vous fassiez votre propre religion.

Je ne peux pas vous promettre une lecture réjouissante, mais elle sera sans nul doute passionnante !

En vis-à-vis de cette préface figure une reproduction de la dernière page de l'antique papyrus de l'*Évangile de Judas*. Sous la partie trop fragmentée pour être reconstituée, on peut déchiffrer :

> *Ils veillèrent à s'emparer de lui pendant la prière. Car ils redoutaient le peuple, qui le tenait pour un prophète. Et ils s'approchèrent de Judas. Ils lui dirent : Que fais-tu ici ?*

N'es-tu pas un disciple de Jésus ? Mais il leur répondit selon leurs désirs. Judas prit alors l'argent. Il leur livra Jésus.
L'Évangile de Judas.

On peut distinguer le titre du texte (en bas) sur cette photographie. On observe d'emblée un trou de la taille d'une pièce de monnaie dans le papyrus. Juste à gauche de ce trou, on peut lire – difficilement – les lettres grecques *peua.* Signalons qu'à l'époque de la rédaction de ce manuscrit, on écrivait le copte avec l'alphabet grec et qu'on empruntait couramment des mots grecs quand on ne disposait pas d'un synonyme copte approprié. Alors, si vous vous souvenez de la forme des lettres grecques qui figurent sur les inscriptions antiques, vous êtes prêt : oubliez le « *p* », qui est simplement l'article défini « le » en copte. Viennent ensuite « *eua* », début du mot grec « *euaggelion* », évangile (un « *u* » placé entre deux voyelles joue le rôle d'une consonne, que l'on transcrit par « v »). À l'emplacement du trou figuraient jadis les lettres « *gg* ». Or deux « g » accolés se nasalisent et se prononcent et se transcrivent « ng ». Juste à la droite du trou, vous pouvez voir (en regardant bien) la fin du mot : « *elion* ». La première ligne du titre est donc « *peua*[*gg*]*elion* », « l'Évangile ».

La deuxième ligne du titre et la dernière de la page portent les lettres « *ni* » dans une partie sombre et guère lisible, puis « *oudas* ». Le « *n* » est la préposition copte du génitif, signifiant « de ». Le « *i* » placé devant la diphtongue « *ou* » devient une consonne, que nous traduisons par « j ». Le « *ou* » copte équivaut au « ou » français. Ce qui donne : « de Judas ». Voilà, en cinq minutes vous avez déchiffré le titre du manuscrit, *L'Évangile de Judas*, et appris au passage un peu de copte !

– 1 –

LE JUDAS DU NOUVEAU TESTAMENT

Judas Iscariote n'est peut-être pas le plus célèbre des disciples du cercle rapproché de Jésus, mais il en est sûrement le plus honni. Il fut l'un des douze apôtres qui restèrent à ses côtés jusqu'à sa fin tragique, lorsque vint le moment de le renier à trois reprises avant que le coq ait chanté deux fois, ou de prendre ses jambes à son cou pour retourner en Galilée – ou, au besoin, de le trahir. Judas a-t-il simplement accompli la prophétie biblique, réalisant la volonté de Dieu pour que Jésus meure pour nos péchés ; a-t-il suivi les instructions de Jésus ? Sinon pourquoi désigne-t-il son maître par un baiser aux autorités juives contre trente pièces d'argent ? Que nous disent les Évangiles du Nouveau Testament – et l'*Évangile de Judas* extérieur à ce corpus – à ce sujet ?

Les Juifs et les Païens

Pour comprendre l'image de Judas que nous donnent les Évangiles du Nouveau Testament, il faut avant tout nous rappeler que ces évangiles sont des écrits de leur temps destinés à servir les objectifs des Églises du dernier tiers du Iᵉʳ siècle. Ce ne sont pas à proprement parler des textes historiques, mais plutôt des témoignages sur la vie de Jésus, des « évangiles », autrement dit de « bonnes nouvelles ». Ils furent écrits dans le but d'évangéliser plutôt que d'informer et les quatre évangélistes « officiels » se sont donné beaucoup de mal pour formuler leur récit de manière à transmettre le point de vue qu'ils cherchaient à promouvoir.

Puisque la majeure partie de ce que nous connaissons de Judas provient de ces évangiles, nous devons d'abord nous familiariser avec la façon de procéder des évangélistes, avant de revenir un demi-siècle en arrière pour évoquer le Judas de l'Histoire.

La vie publique de Jésus s'est déroulée dans un cadre essentiellement juif et ses disciples étaient des Juifs. Ceux qui, après Pâques, avaient fait l'expérience de la Pentecôte en recevant l'Esprit saint étaient juifs. Ils s'étaient réunis à Jérusalem pour célébrer une fête juive. Et Judas faisait partie de ce monde très juif au sein duquel le christianisme a vu le jour.

Le judaïsme était – et reste – une religion monothéiste d'une grande exigence morale, qui attirait alors non seulement ses adeptes, mais aussi les païens, autrement dit les Gentils – les non-Juifs. Ces derniers admiraient la haute moralité de la communauté juive et appréciaient le genre de culte qu'elle pratiquait à travers tout l'Empire romain : des offices religieux débarrassés des rites obsolètes tels que les sacrifices animaux (lesquels n'étaient plus pratiqués qu'au Temple de Jérusalem) et plutôt axés sur la lecture des Écritures saintes en hébreu, suivie de leur interprétation dans la langue parlée au quotidien par l'assistance.

Les non-Juifs aimaient ces réunions dans les synagogues – terme grec qui signifie « assemblée » –, mais peu d'entre eux étaient réellement disposés à se convertir au judaïsme, à devenir des « prosélytes », à subir la circoncision et accepter de se conformer aux règles strictes de ce culte, encore moins à renoncer aux charmes de la vie sociale de leur communauté. Ils préféraient se rendre à la synagogue pour le Shabbat, tout en menant une vie normale le reste de la semaine. On disait de ces païens qui fréquentaient les synagogues qu'ils « craignaient Dieu », mais ils n'étaient pas considérés comme juifs.

Le message de Paul était particulièrement bien accueilli puisqu'il répondait exactement à ces aspirations, proposant un idéal éthique élevé sans rituels archaïques ni contraintes déraisonnables. Aux yeux des Gentils, le baptême paraissait nettement préférable à la circoncision ! Et c'est ainsi que l'Église des païens convertis s'est épanouie, surpassant largement en nombre la dépérissante Église des Juifs convertis issue des premiers disciples du Christ.

Barnabé[1] avait engagé pour sa mission à Antioche le Juif converti le plus en vue depuis les événements de la Passion : le Pharisien Paul, originaire de Tarse, sur la côte méridionale de la Turquie actuelle, un Juif élevé dans un univers païen (*Ac* 11, 25-26).

Paul et Barnabé emmenèrent Tite, Gentil converti au christianisme, à Jérusalem pour convaincre les « piliers » de l'Église chrétienne issue du judaïsme que ce païen, quoique incirconcis, devait être reconnu comme chrétien à part entière (*Ga* 2, 3). L'Église de Jérusalem s'inclina (*Ac* 15, 19-21) et conclut un arrangement avec Paul et Barnabé : les premiers disciples continueraient à limiter leur mission évangélisatrice aux Juifs, mais Paul et Barnabé avaient le feu vert pour poursuivre leur œuvre de conversion des païens incirconcis (*Gal.* 2, 7-9). En échange, Paul accepta de faire des collectes dans les églises des païens convertis pour venir en aide aux pauvres de l'Église de Jérusalem (*Ga* 2, 10 ; *Ac* 11, 29-30).

Cette solution nuancée ratifiée par le concile de Jérusalem[2] se révéla difficile à mettre en œuvre dans la communauté mélangée d'Antioche, car Paul et Barnabé avaient renoncé en pratique à la coutume juive de ne manger qu'avec des Juifs afin de préserver leur pureté rituelle. Ils prenaient désormais leurs repas en compagnie de tous les membres de leur communauté, circoncis ou non. La communion instaurée par le Christ

1. Un des premiers apôtres, compagnon de saint Paul puis de l'évangéliste Marc (Iᵉʳ siècle).

2. Premier concile œcuménique réuni en 49 ap. J.-C.

ne pouvait s'accommoder d'une telle ségrégation. Même Pierre, quand il vint de Jérusalem, se plia à cette pratique chrétienne de tolérance. En revanche, Jacques, le frère de Jésus, qui assurait alors la conduite de l'Église de Jérusalem (*Ac* 15, 13), envoya des délégués à Antioche pour rappeler aux Judéo-chrétiens l'obligation de ne s'attabler qu'avec des Juifs, même si leur communauté comportait des païens (*Ga* 2, 12). Pierre se retira alors vers une tablée de Juifs et même Barnabé l'imita (*Ga* 2, 11-13). Refusant de céder, Paul fit de la dénonciation de l'idée de pureté une condition du Salut (*Ga* 2, 14-21) et, dès lors, poursuivit son œuvre de missionnaire sans l'aide de l'Église d'Antioche ou des Judéo-chrétiens.

À compter de cet épisode, l'hostilité entre les deux branches du christianisme ne fit qu'empirer. L'œcuménisme du concile de Jérusalem amena la domination de l'Église des Gentils convertis, plus nombreuse et plus prospère, qui se vengea en rejetant comme hérétique la petite Église judéo-chrétienne.

Au Ve siècle, Épiphane, évêque de Salamine à Chypre, s'insurge contre les Judéo-chrétiens, qu'il traite de sectes hérétiques d'« Ébionites » et de « Nazaréens ». Le premier terme signifie « les pauvres », le second « de Nazareth », deux noms associés à l'origine à Jésus et ses disciples ! Il leur reprochait de conserver leurs coutumes juives – comme l'avait fait Jésus. Rien de bien hérétique à cela, il faut l'admettre.

Évangiles d'origine juive et évangiles d'origine païenne

Une génération après Paul, chaque camp avait rassemblé dans ses évangiles ses souvenirs les plus précieux sur la vie de Jésus, les Judéo-chrétiens dans leur *Évangile des Paroles de la Source Q*[1] et les pagano-chrétiens dans l'Évangile narratif de Marc. Si la *Source Q* n'est pas devenue un livre du Nouveau Testament, c'est essentiellement parce qu'il s'agit d'un recueil de l'Église des Gentils convertis et non de celles des Juifs convertis. Nous connaissons l'existence de cette *Source Q* seulement parce que, afin d'exprimer l'œcuménisme proclamé lors du concile de Jérusalem, les deux branches du christianisme primitif, décidèrent de fusionner cette source avec le récit narratif de Marc pour la rédaction de leurs évangiles. Matthieu s'est chargé de cette tâche pour l'Église judéo-chrétienne et Luc pour celle des païens convertis – chacun présentant bien entendu sa propre perspective. Ainsi une équipe de chercheurs placée sous ma direction[I] a-t-elle pu reconstituer de façon assez précise les *Paroles de la Source Q*, bien qu'aucun manuscrit n'ait survécu, ce texte étant rapidement tombé en désuétude à mesure que l'Église des païens convertis affirmait sa prééminence.

L'*Évangile Q* ne fait aucune référence à Judas, tandis que celui de Marc, comme les autres évangiles du Nou-

1. Parfois appelé *Évangile Q* ou *Paroles de Jésus de la Source Q*. Le « Q » est l'initiale du mot allemand *Quelle*, qui signifie « source ».

veau Testament, présente l'image classique de Judas conduisant les autorités juives jusqu'à Jésus dans le jardin de Gethsémani. Mais c'est précisément cet épisode bien connu qui doit être revu à la lumière de l'*Évangile de Judas* récemment redécouvert. Avant même la réapparition de ce texte, un chercheur mennonite réputé avait déjà entrepris, en 1996, un tel examen (William Klasse, *Judas : Traître ou ami de Jésus ?*[II]). Il nous appartient aujourd'hui de nous pencher de nouveau sur la signification des actes de Judas Iscariote. Mais nous devons d'abord nous familiariser avec les Évangiles du Nouveau Testament, à l'origine de notre hostilité bien naturelle à l'égard de ce personnage, ainsi qu'avec le courant qui tend à réhabiliter l'apôtre maudit. Commençons par le premier Évangile des païens convertis, celui de Marc.

L'*Évangile de Marc*

D'après Marc, le cercle rapproché des disciples de Jésus ignorait à peu près tout de lui, de ce qu'il était et de ce qu'il essayait d'accomplir. On en vient vraiment à se demander pourquoi ils l'ont suivi – ou pourquoi Marc les présente de cette façon ! Voyons donc comment il les a dépeints et essayons d'en saisir les raisons.

Après avoir raconté la parabole du Semeur, intelligible même pour moi, Jésus demande aux disciples avec stupéfaction (*Mc* 4, 13) :

« Vous ne saisissez pas cette parabole ? Et comment comprendrez-vous toutes les paraboles ? » [1]

Suit tout un chapitre de paraboles, que Jésus est obligé de leur expliquer avec un certain pédantisme (*Mc* 4, 33-34) :

C'est par un grand nombre de paraboles de ce genre qu'il leur annonçait la Parole selon qu'ils pouvaient l'entendre ; et il ne leur parlait pas sans parabole, mais, en particulier, il expliquait tout à ses disciples.

Cependant, les disciples semblent toujours ne pas comprendre (*Mc* 4, 40-41) :

Puis il leur dit : « Pourquoi avez-vous peur ainsi ? Comment n'avez-vous pas de foi ? » Alors ils furent saisis d'une grande crainte et ils se disaient les uns aux autres : « Qui est-il donc, celui-là, que même le vent et la mer lui obéissent ? »

Manifestement, ils ignorent encore qui est Jésus. Et quand les disciples, sur leur bateau, voient Jésus se diriger vers eux en marchant sur l'eau (*Mc* 6, 50-52) :

... tous le virent et furent troublés. Mais lui aussitôt leur parla et leur dit : « Ayez confiance, c'est moi, soyez sans

1. Toutes les citations bibliques sont extraites de la *Bible de Jérusalem* publiée aux Éditions du Cerf.

crainte. » Puis il monta auprès d'eux dans la barque et le vent tomba. Et ils étaient intérieurement au comble de la stupeur car ils n'avaient pas compris le miracle des pains, mais leur esprit était bouché.

Un peu plus tard, revenant sur la distribution de nourriture aux affamés, Jésus demande (*Mc* 8, 17-21) :

« Pourquoi faire cette réflexion, que vous n'avez pas de pains ? Vous ne comprenez pas encore et vous ne saisissez pas ? Avez-vous donc l'esprit bouché, des yeux pour ne point voir et des oreilles pour ne point entendre ? Et ne vous rappelez-vous pas, quand j'ai rompu les cinq pains pour les cinq mille hommes, combien de couffins pleins de morceaux vous avez emportés ? » Ils lui disent : « Douze. » – « Et lors des sept pour les quatre mille hommes, combien de corbeilles pleines de morceaux avez-vous emportées ? » Et ils disent : « Sept. » Alors il leur dit : « Ne comprenez-vous pas encore ? »

Il ne faut donc pas s'étonner que Jésus se fie si peu à ses proches (*Mc* 14, 27-28) :

Et Jésus leur dit : « Tous vous allez succomber, car il est écrit : Je frapperai le pasteur et les brebis seront dispersées. »

Combien d'entre eux resteront avec lui jusqu'à la fin, au pied de la croix, parmi ce cercle restreint des Douze que décrit Marc ? Aucun ! Jésus savait parfaitement qu'aucun ne mourrait avec lui et qu'ils s'enfuiraient sans délai en Galilée ; il le confia d'ailleurs aux saintes femmes près du tombeau (*Mc* 16, 7) :

« [...] *Mais allez dire à ses disciples et à Pierre qu'il vous précède en Galilée : c'est là que vous le verrez, comme il vous l'a dit.* »

Dans le jardin de Gethsémani, on sent bien que les proches du Christ sont complètement hors du coup (*Mc* 14, 37-41) :

Il vient et les trouve en train de dormir ; et il dit à Pierre : « Simon, tu dors ? Tu n'as pas eu la force de veiller une heure ? Veillez et priez pour ne pas entrer en tentation : l'esprit est ardent, mais la chair est faible. » Puis il s'en alla de nouveau et pria, en disant les mêmes paroles. De nouveau il vint et les trouva endormis, car leurs yeux étaient alourdis ; et ils ne savaient que lui répondre. Une troisième fois il vient et leur dit : « Désormais vous pouvez dormir et vous reposer. C'en est fait. L'heure est venue : voici que le Fils de l'homme va être livré aux mains des pécheurs. Levez-vous ! Allons ! Voici que celui qui me livre est tout proche. »

Là-dessus, l'antihéros Judas traverse la scène. Mais les autres disciples ne sortent guère plus grandis que lui de la description que Marc fait du cercle rapproché de Jésus. Certains s'étonnent que Jésus ait introduit pareille canaille parmi les Douze mais, à lire Marc, Judas y était parfaitement à sa place !

Même Pierre, le « rocher » sur lequel l'Église s'est édifiée, n'est pas présenté sous un jour très favorable. C'est à Matthieu qu'incombera la tâche de redorer son blason (*Mt* 16, 18) ! Chez Marc, l'aveu que fait Pierre à Jésus lorsqu'ils sont à Césarée de Philippe, « Tu es le Christ » (*Mc* 8, 29), est suivi d'une scène déroutante (*Mc* 8, 31-33) :

> *Et il* [Jésus] *commença de leur enseigner : « Le Fils de l'homme doit beaucoup souffrir, être rejeté par les anciens, les grands prêtres et les scribes, être tué et, après trois jours, ressusciter » ; et c'est ouvertement qu'il disait ces choses. Pierre, le tirant à lui, se mit à le morigéner. Mais lui, se retournant et voyant ses disciples, admonesta Pierre et dit : « Passe derrière moi, Satan ! car tes pensées ne sont pas celles de Dieu, mais celles des hommes ! »*

Voilà que Pierre n'est plus roc fondateur, mais Satan ? Qu'arrive-t-il donc ? Ce « Passe derrière moi, Satan ! » pourrait convenir à Judas, mais comment peut-il se rapporter à Pierre ?

Sur le mont des Oliviers, Jésus prédit que les Douze l'abandonneront (*Mc* 14, 27-31) :

> *Et Jésus leur dit : « Tous vous allez succomber, car il est écrit : Je frapperai le pasteur et les brebis seront dispersées. Mais après ma résurrection, je vous précéderai en Galilée. » Pierre lui dit : « Même si tous succombent, du moins pas moi ! » Jésus lui dit : « En vérité, je te le dis : toi, aujourd'hui, cette nuit même, avant que le coq chante deux fois, tu m'auras renié trois fois. » Mais lui reprenait de plus belle : « Dussé-je mourir avec toi, non, je ne te renierai pas. » Et tous disaient de même.*

Alors, Pierre est-il resté auprès de Jésus jusqu'à sa terrible fin ? Pas selon Marc ! Au lieu de cela, il nous dit (*Mc* 14, 50) :

Et, l'abandonnant, ils prirent tous la fuite.

Quand Jésus fut emmené au palais du grand prêtre, Pierre le suivit « de loin » (*Mc* 14, 54). Plus tard, il devait le renier complètement (*Mc* 14, 66-72) :

Comme Pierre était en bas dans la cour, arrive une des servantes du Grand Prêtre. Voyant Pierre qui se chauffait, elle le dévisagea et dit : « Toi aussi, tu étais avec le Nazarénien Jésus. » Mais lui nia en disant : « Je ne sais pas, je ne comprends pas ce que tu dis. » Puis il se retira dehors vers le vestibule et un coq chanta. La servante, l'ayant vu, recommença à dire aux assistants : « Celui-là en est ! » Mais de nouveau il niait. Peu après, à leur tour, les assistants disaient à Pierre : « Vraiment tu en es ; et d'ailleurs tu es Galiléen. » Mais il se mit à jurer avec force imprécations : « Je ne connais pas cet homme dont vous parlez. » Et aussitôt, pour la seconde fois, un coq chanta. Et Pierre se ressouvint de la parole que Jésus lui avait dite : « Avant que le coq chante deux fois, tu m'auras renié trois fois. » Et il éclata en sanglots.

Après un tel récit, on ne s'étonnerait guère de voir Pierre, comme Judas, courir se suicider : tous deux l'ont trahi publiquement. Au lieu de quoi un bel avenir attend Pierre, mais pas Judas ! On devait même édifier la plus grande basilique du monde sur le site présumé du tombeau de Pierre. Si cela s'était produit de son vivant, Marc n'aurait sûrement pas donné son obole pour la construction du monument !

Dans cet évangile, la famille de Jésus est à peine mieux traitée que les apôtres. On ne trouve chez Marc aucun récit de l'enfance de Jésus et donc nulle mention de Noël. Plus surprenant encore, la sainte Famille a honte de Jésus : convaincue qu'il n'a pas toute sa tête, elle essaye de le soustraire aux regards ! Juste après la liste des douze apôtres cités par Marc, avec en point d'orgue : « Et Judas Iscarioth, celui-là même qui le livra » (*Mc* 3, 19), le narrateur poursuit (*Mc* 3, 19-21, 31-35) :

> *Il vient à la maison et de nouveau la foule se rassemble, au point qu'ils ne pouvaient pas même manger de pain. Et les siens, l'ayant appris, partirent pour se saisir de lui, car ils disaient : « Il a perdu le sens. » [...] Sa mère et ses frères arrivent et, se tenant dehors, ils le firent appeler. Il y avait une foule assise autour de lui et on lui dit : « Voilà que ta mère et tes frères et tes sœurs sont là dehors qui te cherchent. » Il leur répond : « Qui est ma mère ? Et mes frères ? » Et, promenant son regard sur ceux qui étaient assis en rond autour de lui, il dit : « Voici ma mère et mes frères. Quiconque fait la volonté de Dieu, celui-là m'est un frère et une sœur et une mère. »*

Voilà pour la « sainte Famille », dans l'*Évangile de Marc* ! La ville natale de Jésus, Nazareth, se voit pareillement dénigrer (*Mc* 6, 1-6). C'est dire que Judas Iscariote s'intègre parfaitement dans le tableau que Marc brosse des Douze, de Pierre en particulier, mais aussi de la sainte Famille et du berceau du Christ ! Comment expliquer cela ?

Marc était le premier évangéliste de la prospère Église des païens convertis, laquelle se distanciait de plus en plus de l'Église judéo-chrétienne des premiers disciples de Jésus. Si l'on se replace dans ce contexte, il est moins surprenant de voir Marc accabler de façon aussi catégorique les Douze et la sainte Famille. On ne peut que songer aux tensions déjà évoquées par Paul (*Ga* 1, 15-19 ; 2, 1-14).

Doit-on s'attendre à ce que l'évangile de l'Église des païens convertis soit plus favorable que Paul envers Pierre (« Céphas »), à qui le premier « [*avait résisté*] en face, parce qu'il s'était donné tort », ou à l'égard des « circoncis », ceux qui le suivaient « dans sa dissimulation », ceux qui « ne marchaient pas droit selon la vérité de l'Évangile », sans parler des « faux croyants » qui s'étaient opposés à Paul à Jérusalem ? Après tout, Paul avait mis explicitement en garde contre tout autre évangile que le sien (*Ga* 1, 6-9).

On pourrait en fait escompter qu'un évangile destiné aux païens se garde de tout enthousiasme envers ceux que Paul avait dénigrés avec tant d'énergie ! La description des Douze dans l'*Épître de Paul aux Galates*, plus spécialement celle de Pierre (« Céphas ») et celle de la sainte Famille (« Jacques »), colle parfaitement à l'image négative des apôtres, de Pierre et de la sainte Famille dans l'*Évangile de Marc.* Rien d'étonnant à cela. Mais se pose alors la question suivante : ces représentations de Marc rendent-elles pleinement justice à ces personnages, ou sont-ils les victimes de la théologie de Paul et de Marc ? Et que conclure s'agissant du portrait d'un autre apôtre, Judas Iscariote ?

*
* *

On a parfois décrit l'*Évangile de Marc* comme « un récit de la Passion précédé d'une longue introduction ». Cette définition souligne l'accent que l'auteur met sur la croix bien avant le récit de la crucifixion. Le complot en vue de tuer Jésus apparaît très tôt dans l'histoire (*Mc* 3, 6) :

> *Étant sortis, les Pharisiens tenaient aussitôt conseil avec les Hérodiens contre lui, en vue de le perdre.*

Puis, la seconde moitié des écrits de Marc est dominée par Jésus qui prédit à plusieurs reprises sa crucifixion en détail, ainsi que sa résurrection, au terme de trois jours (*Mc* 8, 31-32). Par la suite, en descendant du mont de la Transfiguration, de nouveau Jésus évoque incidemment sa résurrection devant Pierre, Jacques et Jean, qui l'accompagnent (*Mc* 9, 9) :

> *Comme ils descendaient de la montagne, il leur ordonna de ne raconter à personne ce qu'ils avaient vu, si ce n'est quand le Fils de l'homme serait ressuscité d'entre les morts. Ils gardèrent la recommandation, tout en se demandant entre eux ce que signifiait « ressusciter d'entre les morts ».*

Peu après, il fait une deuxième prédiction détaillée du vendredi saint et du miracle de Pâques (*Mc* 9, 30-32) :

Étant partis de là, ils faisaient route à travers la Galilée et il ne voulait pas qu'on le sût. Car il instruisait ses disciples et il leur disait : « Le Fils de l'homme est livré aux mains des hommes et ils le tueront, et quand il aura été tué, après trois jours il ressuscitera. » Mais ils ne comprenaient pas cette parole et ils craignaient de l'interroger.

Ensuite, une troisième fois, Jésus décrit plus précisément encore ce qui va se produire (*Mc* 10, 32-34) :

Prenant de nouveau les Douze avec lui, il se mit à leur dire ce qui allait lui arriver : « Voici que nous montons à Jérusalem, et le Fils de l'homme sera livré aux grands prêtres et aux scribes ; ils le condamneront à mort et le livreront aux païens, ils le bafoueront, cracheront sur lui, le flagelleront et le tueront, et après trois jours il ressuscitera. »

Pour des raisons pratiques, nous reproduisons ici des extraits assez longs de l'histoire de la Passion et de la résurrection chez Marc (*Mc* 15-16). On admet en général qu'une prédiction aussi détaillée ne peut émaner de Jésus lui-même et qu'elle a sans doute été élaborée par l'évangéliste, qui l'a mise dans la bouche de son héros. Le Christ de Marc évoque même une fois des propos tout droit sortis de la *Première Épître aux Corinthiens* de Paul (*1Co* 1, 23 ; 2, 2), qui annonce un « Christ crucifié » (*Mc* 10, 45) :

« Aussi bien, le Fils de l'homme lui-même n'est pas venu pour être servi, mais pour servir et donner sa vie en rançon pour une multitude. »

Après toutes ces allusions à la crucifixion, on ne s'étonnera pas de voir le Jésus de Marc déclarer pendant la Cène (*Mc* 14, 21) : « le Fils de l'homme s'en va selon qu'il est écrit de lui. » Et il suffisait à Judas d'être un peu plus astucieux que Pierre et les autres apôtres pour savoir que c'était la volonté de Dieu que Jésus meure pour l'expiation de nos péchés, conformément aux Écritures (*1Co* 15, 3).

Étant donné que Marc présente la mort de Jésus comme la réalisation d'une prophétie et l'accomplissement de la volonté divine, dont Jésus et les Douze sont parfaitement avertis – Jésus acceptant la volonté de Dieu jusqu'à la mort –, ce qui paraît surprenant n'est pas tant que Judas remette Jésus aux autorités, mais que Marc lui en fasse même le reproche !

Et tandis qu'ils étaient à table et qu'ils mangeaient, Jésus dit : « En vérité, je vous le dis, l'un de vous me livrera, un qui mange avec moi. » Ils devinrent tout tristes et se mirent à lui dire l'un après l'autre : « Serait-ce moi ? » Il leur dit : « C'est l'un des Douze, qui plonge avec moi la main dans le même plat. Oui, le Fils de l'homme s'en va selon qu'il est écrit de lui ; mais malheur à cet homme-là par qui le Fils de l'homme est livré ! Mieux eût valu pour cet homme-là de ne pas naître ! » (*Mc* 14, 18-21.)

Mais alors, si l'on poursuit la démonstration de Marc, si Judas Iscariote n'avait pas vu le jour, comment les Écritures auraient-elles pu se réaliser ? Comment la volonté de Dieu aurait-elle pu s'accomplir ? Comment Jésus serait-il « mort pour nos péchés selon les Écritures » (*1Co* 15, 3) ? Pourquoi lancer l'anathème sur Judas, qui fait seulement ce pour quoi il est né ? Qu'est-ce que Dieu, et par conséquent Jésus, attendent de lui ?

Marc explique que les autorités juives veulent tuer Jésus, mais souhaitent trouver un moyen pour l'arrêter discrètement (*Mc* 14, 1-2) :

> *... les grands prêtres et les scribes cherchaient comment arrêter Jésus par ruse pour le tuer. Car ils se disaient : « Pas en pleine fête, de peur qu'il n'y ait du tumulte parmi le peuple. »*

Jésus raille d'ailleurs cette tactique lors de son arrestation, soulignant au passage que les soldats ne font qu'obéir aux Écritures (*Mc* 14, 48-50) :

> *« Suis-je un brigand, que vous vous soyez mis en campagne avec des glaives et des bâtons pour me saisir ! Chaque jour j'étais auprès de vous dans le Temple, à enseigner, et vous ne m'avez pas arrêté. Mais c'est pour que les Écritures s'accomplissent. » Et, l'abandonnant, ils prirent tous la fuite.*

Judas aide donc les autorités juives à arrêter Jésus en vue de le mettre à mort. Du point de vue de Marc, celles-ci ne désirent certainement pas interroger Jésus, comme il est d'usage de le faire lorsqu'un différend agite le judaïsme. Il ne s'agit pas d'écouter sa version des faits pour, peut-être, n'y rien trouver à redire et le libérer. Elles veulent « arrêter Jésus par ruse pour le tuer » (*Mc* 14, 1). Et elles en ont l'intention depuis longtemps : les Pharisiens et les partisans d'Hérode conspiraient déjà ensemble « en vue de le perdre » (*Mc* 3, 6). En somme, Judas est au pire le complice de leur crime. Mais même Marc ne peut blanchir complètement Judas Iscariote en le présentant comme le simple instrument de la volonté de Dieu, et aussi de celle de Jésus.

L'*Évangile de Marc* relate la scène de l'arrestation de Jésus dans le jardin de Gethsémani, avec Judas en vedette (*Mc* 14, 43-45) :

> *Et aussitôt, comme il parlait encore, survient Judas, l'un des Douze, et avec lui une bande armée de glaives et de bâtons, venant de la part des grands prêtres, des scribes et des anciens. Or, le traître leur avait donné ce signe convenu : « Celui à qui je donnerai un baiser, c'est lui ; arrêtez-le et emmenez-le sous bonne garde. » Et aussitôt arrivé, il s'approcha de lui en disant : « Rabbi », et il lui donna un baiser. Les autres mirent la main sur lui et l'arrêtèrent.*

Ce texte est, bien sûr, le grand responsable de la « mauvaise presse » dont Judas Iscariote est victime depuis lors.

L'*Évangile des Paroles de la Source Q*

L'Église judéo-chrétienne de la première génération, dont les écrits n'ont pas survécu, s'exprimait principalement en araméen. Mais après tout, la plupart des premiers disciples étaient illettrés ! Heureusement, à un moment donné, on a traduit les paroles de Jésus en grec, sans doute à des fins d'évangélisation des Juifs de langue grecque. Ils les rassemblèrent même en un petit recueil de « Paroles de Jésus ». J'ai consacré les deux dernières décennies à reconstituer celui-ci avec un groupe de chercheurs réunis à cette fin. Je m'explique : *L'Édition critique de Q*, que nous avons publiée en 2000, présente cette transcription des paroles attribuées à Jésus. Ce n'est pas un livre qui figure aujourd'hui en tant que tel dans le Nouveau Testament. Disons plutôt qu'il affleure juste sous les Évangiles canoniques. Matthieu et Luc ont en effet disposé de copies des *Paroles de la Source Q* dont ils se sont servis, de même que de l'*Évangile de Marc*, pour composer leurs propres évangiles, en une sorte de « geste œcuménique », Matthieu du point de vue des Juifs convertis et Luc de celui des païens convertis. Ainsi quand Matthieu et Luc rapportent à l'identique un propos de Jésus, ils ne peuvent l'avoir extrait de Marc, puisqu'il ne figure pas dans son récit. Ils doivent donc le tenir d'une autre source. Voici un siècle, des chercheurs ont surnommé cette autre source « Q », d'après la première lettre du mot allemand *Quelle*, qui signifie « source ». Aujourd'hui, on parle de l'*Évangile des Paroles de la Source Q*, pour le distinguer des quatre évangiles narratifs du Nouveau Testament, ceux de Matthieu, Marc, Luc et Jean.

Les chapitres et les versets de *Q* n'étant pas numérotés, on se réfère à ceux de l'*Évangile de Luc* lorsqu'on cite la *Source Q*. Il se trouve en effet que Luc suit l'ordre de *Q* plus rigoureusement que Matthieu. L'*Évangile Q* ne comportant pas de récit de la naissance de Jésus, il débute au chapitre 3 de l'*Évangile de Luc*, avec la prédication de Jean-Baptiste. Le premier chapitre de *Q* s'appelle donc « Q 3 ». On trouve des éléments de ce texte disséminés dans Matthieu et Luc, mais *Q* se termine juste avant le récit de la Passion, avec *Lc*, 22 (« Q 22 »).

Puisque l'*Évangile des Paroles de la Source Q* a été composé pour permettre à ses disciples de continuer à diffuser le message de Jésus, il insiste moins sur les événements que sur les paroles qui doivent être révélées. Ce qui compte, ce n'est pas tant qui dit quoi à qui, que l'importance de ces révélations pour vous et votre avenir. C'est peut-être pourquoi ce texte n'indique jamais le nom des porteurs du message. Aucun des Douze n'y est mentionné nommément, pas même Pierre. Ni Judas !

L'Évangile « œcuménique » de l'Église judéo-chrétienne : L'*Évangile de Matthieu*

L'*Évangile de Matthieu* paraît avoir été écrit quand les derniers vestiges de l'Église judéo-chrétienne de Q se sont dissous dans l'Église des païens convertis de Marc, beaucoup plus prospère. La fusion des évangiles des deux tendances participe d'une volonté œcuménique d'harmonisation des deux confessions.

Matthieu complète de façon significative la chronique de Marc concernant Judas. Marc avait attribué aux prêtres l'initiative du pot-de-vin (*Mc* 14, 11). Mais, dans Matthieu, c'est Judas qui demande effectivement aux grands prêtres de lui donner de l'argent (*Mt* 26, 15) : « Que voulez-vous me donner, et moi je vous le livrerai ? » Et Matthieu désigne clairement Judas lors de la Cène, quand les disciples demandent qui parmi eux livrera Jésus (*Mt* 26, 25) :

> *À son tour Judas, celui qui allait le livrer, lui demanda : « Serait-ce moi, Rabbi ? » – « Tu l'as dit », répond Jésus.*

Ce n'est pas très explicite ; néanmoins le lecteur comprend que c'est Judas qui trahira.

Il est tout à fait significatif que, dans le texte de Matthieu, Judas s'adresse à Jésus en l'appelant « Rabbi » plutôt que « Seigneur », terme normalement utilisé dans la traduction grecque des Évangiles. Naturellement, il se peut fort bien qu'en araméen on ait dit « Rabbi ». À l'époque, ce mot ne désignait pas spécifiquement un membre du clergé juif ; c'était seulement une adresse respectueuse envers un responsable religieux.

On note cependant une franche aversion pour les mots « Rabbi » ou « Rabbouni » chez Matthieu comme chez Luc : ainsi tandis que l'aveugle croisé aux portes de Jéricho appelle Jésus « Rabbouni » chez Marc (*Mc*

10, 51), Matthieu et Luc utilisent « Seigneur » (*Mt* 9, 28 ; *Lc* 18, 41). Même chose lors de la Transfiguration : Pierre dit « Rabbi » pour l'un (*Mc* 9, 5) et « Seigneur » pour les autres (*Mt* 17, 4 ; *Lc* 9, 33). Ailleurs encore, alors que, dans Marc, Pierre appelle Jésus « Rabbi » (*Mc* 11, 21), Matthieu élude l'apostrophe (*Mt* 21, 20) et Luc passe l'épisode entièrement sous silence.

C'est seulement lorsque Judas parle que Matthieu conserve le terme « Rabbi » (*Mc* 14, 45 ; *Mt* 26, 49). Luc, lui, campe sur ses positions (*Lc* 22, 47). Il n'emploiera jamais ce mot. Après tout, son évangile s'adresse principalement aux Gentils. Matthieu rajoute une seconde occurrence dans laquelle Judas appelle Jésus « Rabbi » (*Mt* 26, 25), que l'on ne retrouve nulle part ailleurs dans les Évangiles. C'est évidemment pour mieux désavouer Judas : le titre qu'il utilise ne fait que confirmer son statut de disciple indigne.

En fait, Matthieu rejette explicitement l'emploi du terme « Rabbi » en expliquant que les docteurs de la Loi et les Pharisiens cherchent à se faire appeler ainsi par pure gloriole (*Mt* 23, 5-7) :

> *En tout ils agissent pour se faire remarquer des hommes. C'est ainsi qu'ils font bien larges leurs phylactères et bien longues leurs franges. Ils aiment à occuper le premier divan dans les festins et les premiers sièges dans les synagogues, à recevoir les salutations sur les places publiques et à s'entendre appeler « Rabbi » par les gens.*

Ce titre doit par conséquent être évité (*Mt* 23, 8) :

« Pour vous, ne vous faites pas appeler "Rabbi" : car vous n'avez qu'un Maître, et tous vous êtes des frères. »

Matthieu va jusqu'à souligner que c'est Judas qui appelle Jésus « Rabbi », juste avant de l'embrasser dans le jardin de Gethsémani pour le désigner aux autorités juives ! Matthieu fait alors dire à Jésus (*Mt* 26, 50) : « Ami, fais ta besogne. » Il exonère presque Judas de son baiser perfide ! Détail paradoxal : en cet instant, Jésus le qualifie d'« ami », mot extrêmement rare dans sa bouche.

Puis Matthieu, seul de tous les évangélistes, fait état des remords de Judas, qui renvoie leur argent aux prêtres et aux anciens en disant (*Mt* 27, 4) : « J'ai péché [...] en livrant un sang innocent. » Et, quand ils haussent les épaules, Judas, « jetant [...] les pièces dans le sanctuaire, [...] se retira et s'en alla se pendre » (*Mt* 27, 5).

Matthieu, auteur d'un évangile judéo-chrétien, a naturellement toutes les raisons de montrer sous un jour plus favorable que ne le font Paul et Marc les disciples juifs de Jésus. Ainsi, lui seul présente Pierre comme le « rocher » sur lequel l'Église sera bâtie (*Mt* 16, 18-19) :

Eh bien ! moi je te dis : Tu es Pierre, et sur cette pierre je bâtirai mon Église, et les Portes de l'Hadès ne tiendront pas contre elle. Je te donnerai les clefs du Royaume des Cieux : quoi que tu lies sur la terre, ce sera tenu dans les cieux pour lié, et quoi que tu délies sur la terre, ce sera tenu dans les cieux pour délié.

Certes Matthieu maintient l'opposition de Pierre à l'idée de la Passion et le laisse malgré tout affronter l'appellation de « Satan », mais il atténue le dialogue pour le rendre moins choquant et plus compréhensible (*Mt* 16, 22-23) :

Pierre, le tirant à lui, se mit à le morigéner en disant : « Dieu t'en préserve, Seigneur ! Non, cela ne t'arrivera point ! » Mais lui, se retournant, dit à Pierre : « Passe derrière moi, Satan ! Tu me fais obstacle, car tes pensées ne sont pas celles de Dieu, mais celles des hommes ! »

Ici la critique de Marc demeure, mais replacée dans un contexte qui l'adoucit quelque peu. Pour justifier que Pierre rejette l'idée de la Passion, il ajoute un commentaire très explicite : « Dieu t'en préserve, Seigneur ! Non, cela ne t'arrivera point. » Et l'explication de Jésus justifiant son reproche est introduite : « Tu me fais obstacle. »

Matthieu avait, naturellement, toutes les raisons de blanchir la réputation de Pierre, puisque celui-ci est, après Jésus bien sûr, le héros de son évangile. Si Marc a peut-être été le premier à « jeter la pierre » à Pierre, Matthieu aura été le premier à poser la première pierre de la basilique Saint-Pierre de Rome.

L'Évangile œcuménique des païens convertis : L'*Évangile de Luc*

Luc présente la vie de Jésus comme une ère idéale, non seulement très différente de l'époque qui l'a précédée, mais aussi de celle que lui-même connaît, longtemps après le ministère du Christ. L'ère idyllique des premiers temps du christianisme ne s'est pas perpétuée jusqu'à lui.

Dans les *Actes des Apôtres* aussi, les débuts de l'Église sont idéalisés, avec une atmosphère de partage volontairc de tous les biens et des ressources, une sorte de « communisme » version chrétienne. Cependant ce n'est plus l'usage à l'époque de Luc, et s'il admire ce mode de vie qui lui inspire une certaine nostalgie, il ne recommande pas à ses contemporains de s'y conformer.

Luc présente le ministère de Jésus de la même façon, comme relevant d'un passé idéal, mais révolu. Luc rapporte que lorsqu'il ne réussit pas à faire succomber Jésus à la tentation, le diable abandonne la partie « jusqu'au moment favorable » (*Lc* 4, 13). Ce moment favorable survient avant la Passion, quand Satan réapparaît pour entrer en Judas (*Lc* 22, 3) et pour tenter Pierre (*Lc* 22, 31). Cette période d'absence du Malin correspondant au ministère de Jésus représente pour Luc une parenthèse idyllique et paradisiaque qui ne saurait se répéter, à l'image des débuts idéalisés de l'Église chrétienne.

Cette phase magnifiée, sans démon, correspond bien aux limites de la *Source Q* chez Luc. *Q* commence par la prédication de Jean-Baptiste (*Lc* 3, 2) et s'achève juste avant le récit de la Passion (*Lc* 22, 30). Dans le verset qui suit, Satan réapparaît pour tenter Pierre (*Lc* 22, 31). La situation ayant changé, Luc modifie du tout au tout les directives issues de la *Source Q* qu'il a énoncées plus haut : « N'emportez pas de bourse, pas de besace, pas de sandales, et ne saluez personne en chemin. » (*Lc* 10, 4.)

À la veille de la Passion, il revoit sa position (*Lc* 22, 35-38) :

Puis il leur dit : « Quand je vous ai envoyés sans bourse, ni besace, ni sandales, avez-vous manqué de quelque chose ? » – « De rien », dirent-ils. Et il leur dit : « Mais maintenant, que celui qui a une bourse la prenne, de même celui qui a une besace, et que celui qui n'en a pas vende son manteau pour acheter un glaive. Car, je vous le dis, il faut que s'accomplisse en moi ceci qui est écrit : Il a été compté parmi les scélérats. *Aussi bien, ce qui me concerne touche à sa fin. » – « Seigneur, dirent-ils, il y a justement ici deux glaives. » Il leur répondit : « C'est bien assez ! »*

De cette façon, Luc prépare le lecteur au récit de l'arrestation que fait Marc juste après (*Mc* 14, 46-47) :

Les autres mirent la main sur lui et l'arrêtèrent. Alors l'un des assistants, dégainant son glaive, frappa le serviteur du Grand Prêtre et lui enleva l'oreille.

Ainsi, en réarmant les disciples, Luc a clos l'époque bénie de la *Source Q*, et réintégré le « monde réel », celui du chacun pour soi. Luc peut désormais continuer à suivre Marc dans son récit de la Passion. Il va se pencher sur les pratiques missionnaires de l'Église des païens convertis, qu'il illustre dans les *Actes des Apôtres* avec son portrait de Paul parcourant le monde hellénistique.

Cette périodisation de l'Histoire en un passé idéal et un présent réaliste permet à Luc de conserver les enseignements de la *Source Q* tout en les faisant formellement abroger par Jésus lui-même. Luc a préservé ces « Paroles de Jésus », sous leur forme la plus archaïque (*Lc* 10, 1-16) ; contrairement à Matthieu, il n'a pas cherché à les actualiser pour les mettre en conformité avec les pratiques en vigueur de son temps. Ce dernier, s'étant accroché plus longtemps aux rituels d'antan, s'est vu contraint d'évoluer. En outre, en invoquant les instructions de Jésus, Matthieu propose la thèse d'une évangélisation par les Juifs et par eux seuls, excluant les païens et les Samaritains, qu'il fait sans doute durer presque jusqu'à son époque (*Mt* 10, 5-6 ; 23) :

> *« Ne prenez pas le chemin des païens et n'entrez pas dans une ville de Samaritains ; allez plutôt vers les brebis perdues de la maison d'Israël. »* [...] *« Si l'on vous pourchasse dans telle ville, fuyez dans telle autre, et si l'on vous pourchasse dans celle-là, fuyez dans une troisième ; en vérité je vous le dis, vous n'achèverez pas le tour des villes d'Israël avant que ne vienne le Fils de l'homme. »*

On est amené à supposer que c'est cette mission auprès des seuls Juifs qui dominait encore dans l'Église de Jérusalem à l'époque où Jacques envoya des délégués à Antioche pour y imposer le principe de la séparation des Juifs et des Gentils lors de la communion, principe auquel Paul s'oppose de toutes ses forces.

Dans l'*Évangile de Luc*, Jésus ne dit pas à Pierre, « Arrière, Satan ! » Cette scène devrait venir après *Lc* 9, 22, pour être en parallèle avec *Mc* 8, 33, mais elle est totalement absente. Satan a essayé de s'emparer de Pierre, mais Jésus l'a protégé (*Lc* 22, 31-32) :

> *« Simon, Simon, voici que Satan vous a réclamés pour vous cribler comme le froment ; mais moi j'ai prié pour toi, afin que ta foi ne défaille pas. Toi donc, quand tu seras revenu, affermis tes frères. »*

En revanche, Satan s'est emparé de Judas (*Lc* 22, 3) :

> *Or Satan entra dans Judas, appelé Iscariote, qui était du nombre des Douze. Il s'en alla conférer avec les grands prêtres et les chefs des gardes sur le moyen de le leur livrer. Ils se réjouirent et convinrent de lui donner de l'argent. Il acquiesça, et il cherchait une occasion favorable pour le leur livrer à l'insu de la foule.*

L'on aurait pu croire que Judas, tombé sous l'emprise du Malin, serait le candidat rêvé pour un exorcisme, tel que Jésus l'a pratiqué avec éclat sur un épileptique (*Mc* 9, 17-29). D'autant que même ses proches versent dans l'exorcisme. Au retour de la mission des soixante-douze disciples, ils racontent en effet (*Lc* 10, 17-18) :

Les soixante-douze revinrent tout joyeux, disant : « Seigneur, même les démons nous sont soumis en ton nom ! » Il leur dit : « Je voyais Satan tomber du ciel comme l'éclair ! »

L'exemple le plus mémorable de disciple délivré du démon – ou plus précisément de sept démons – par Jésus, est naturellement Marie-Madeleine (*Lc* 8, 1-3) :

Les Douze étaient avec lui, ainsi que quelques femmes qui avaient été guéries d'esprits mauvais et de maladies : Marie, appelée la Magdaléenne, de laquelle étaient sortis sept démons, Jeanne, femme de Chouza, intendant d'Hérode, Suzanne et plusieurs autres, qui les assistaient de leurs biens.

On a donc du mal à imaginer que Judas ait réellement été possédé par un démon, a fortiori par Satan, sans que Jésus ou un des apôtres l'en délivre. En d'autres termes, le récit que fait Luc de Satan entrant en Judas apparaît davantage comme une tentative de dénigrement que comme un fait qu'il a lui-même observé. Judas n'était pas vraiment possédé.

Luc modifie de manière significative, bien que par de menus détails, la façon dont Marc rapporte les paroles de Jésus sur celui qui le trahira (*Mt* 22, 21-22)[III] :

« Cependant, voici que la main de celui qui me livre est avec moi sur la table. Le Fils de l'homme, certes, va son chemin selon ce qui a été arrêté, mais malheur à cet homme-là par qui il est livré ! »

S'il ne précise pas clairement à qui appartient la main qui est sur la table, il resitue l'allusion de Marc à quelqu'un qui plonge la main dans le même plat que Jésus et renvoie au passage dans lequel Jean désigne ouvertement Judas (*Jn* 13, 26). Luc rapporte l'inquiétude des convives (*Lc* 22, 23) :

> *Et eux se mirent à se demander entre eux quel était donc parmi eux celui qui allait faire cela.*

Mais au lieu de poursuivre dans cette voie en désignant Judas, comme le fait Matthieu (*Mt* 26, 25), Luc replace ici une scène rencontrée plus haut chez Marc (*Mc* 10, 41-45) : les disciples discutent pour savoir lequel d'entre eux doit être considéré comme le plus grand (*Lc* 22, 24-30). Rappelons que l'épisode survient dans l'*Évangile de Marc* à la suite d'une demande de Jacques et de Jean, désireux de prendre place auprès de Jésus en majesté (*Mc* 10, 38-40). À cette articulation maladroite, Matthieu substitue une requête de leur mère (*Mt* 20, 20-23). Luc déplace la scène et l'axe sur la question de la vraie grandeur.

Plus tard, dans le jardin de Gethsémani, Luc ajoute une précision : Judas *menait* la foule (*Lc* 22, 47). Et quand Judas vient l'embrasser, Jésus reconnaît le signe destiné aux autorités juives (*Lc* 22, 48) :

> *« Judas, c'est par un baiser que tu livres le Fils de l'homme ! »*

Judas disparaît promptement de la scène et Luc replace à la suite l'histoire du disciple tranchant l'oreille droite d'un esclave du grand prêtre que l'on retrouve dans Marc, à laquelle il ajoute un reproche de Jésus à ce disciple anonyme (*Lc* 22, 51) :

Mais Jésus prit la parole et dit : « Restez-en là. » Et, lui touchant l'oreille, il le guérit.

Un pareil geste de bonté envers une personne venue pour l'arrêter est digne du pape Jean-Paul II pardonnant à celui qui avait voulu l'assassiner. En fait, au moment de la crucifixion, seul Luc affirme que Jésus aurait dit (*Lc* 23, 34) :

« Père, pardonne-leur : ils ne savent ce qu'ils font. »

Que devient Judas ? Ce n'est pas très clair. Pour Luc, Judas a payé le prix de sa trahison (*Ac* 1, 18) :

Et voilà que, s'étant acquis un domaine avec le salaire de son forfait, cet homme est tombé la tête la première et a éclaté par le milieu, et toutes ses entrailles se sont répandues.

L'*Évangile de Jean*

C'est incontestablement l'*Évangile de Jean* qui porte la plus lourde responsabilité dans le discrédit qui pèse sur Judas. Lisez plutôt (*Jn* 6, 64-71)...

« Mais il en est parmi vous qui ne croient pas. » Jésus savait en effet dès le commencement qui étaient ceux qui ne croyaient pas et qui était celui qui le livrerait. Et il disait :

« Voilà pourquoi je vous ai dit que nul ne peut venir à moi, si cela ne lui est donné par le Père. » Dès lors, beaucoup de ses disciples se retirèrent, et ils n'allaient plus avec lui.

Jésus dit alors aux Douze : « Voulez-vous partir, vous aussi ? » Simon-Pierre lui répondit : « Seigneur, à qui irons-nous ? Tu as les paroles de la vie éternelle. Nous, nous croyons, et nous avons reconnu que tu es le Saint de Dieu. » Jésus leur répondit : « N'est-ce pas moi qui vous ai choisis, vous, les Douze ? Et l'un d'entre vous est un diable. » Il parlait de Judas, fils de Simon Iscariote ; c'est lui en effet qui devait le livrer, lui, l'un des Douze.

L'éternelle question de la raison qui a poussé Jésus à accueillir Judas dans son cercle rapproché se pose avec une acuité particulière dans l'*Évangile de Jean*. Si Jésus savait « dès le début » que Judas le livrerait, c'est dans ce but précis qu'il a dû l'intégrer !

Luc passe rapidement sur Pierre qualifié de Satan (*Mc* 8, 33) pour présenter un Judas possédé par Satan (*Lc* 22, 3) ; Jean le suit dans cette voie. Il introduit même ce « détail » dans l'intrigue bien avant la Cène.

On connaît la scène qui dépeint Jésus dans la maison de Simon le lépreux à Béthanie (*Mc* 14, 3-9) ou, à en croire Luc, dans celle de Simon le Pharisien beaucoup plus tôt, en Galilée (*Lc* 7, 36). Une femme (une prostituée chez *Lc* 7, 37), portant une jarre en albâtre remplie de nard, verse ce précieux onguent sur la tête de Jésus (*Lc* 7, 38 : sur ses pieds). Sur quoi les personnes présentes (le Pharisien selon *Lc* 7, 39) s'indignent d'un tel gaspillage. Quand on voit comment Luc transforme un épisode qui se déroule sous le toit d'un lépreux en instrument destiné à nourrir sa polémique contre les Pharisiens, on ne devrait pas s'étonner que l'*Évangile de Jean* modifie un récit du même style pour en faire un témoignage à charge contre Judas. Jean, lui, s'empare de la scène qui se déroule dans la maison de Marthe et de Marie (*Lc* 10, 38-42), à la faveur de laquelle Marie se voit louée pour l'attention qu'elle porte aux paroles de Jésus au lieu de se contenter de le servir à table... et il la transforme en critique contre Judas (*Jn* 12, 1-8) :

Six jours avant la Pâque, Jésus vint à Béthanie, où était Lazare, que Jésus avait ressuscité d'entre les morts. On lui fit là un repas. Marthe servait. Lazare était l'un des convives. Alors Marie, prenant une livre d'un parfum de nard pur, de grand prix, oignit les pieds de Jésus et les essuya avec ses cheveux ; et la maison s'emplit de la senteur du parfum. Mais Judas l'Iscariote, l'un de ses disciples, celui qui allait le livrer, dit : « Pourquoi ce parfum n'a-t-il pas été vendu trois cents deniers qu'on aurait donnés à des pauvres ? » Mais il dit cela non par souci des pauvres, mais parce qu'il était voleur et que, tenant la bourse, il dérobait ce qu'on y mettait. Jésus dit alors : « Laisse-la : c'est pour le jour de ma sépulture qu'elle devait garder ce parfum. Les pauvres, en effet, vous les aurez toujours avec vous ; mais moi, vous ne m'aurez pas toujours. »

Ici il est tout à fait évident que Luc, puis Jean, prennent un épisode traditionnel de la vie de Jésus et, en changeant les personnages et l'intrigue, le détournent à leurs fins. Il devrait donc apparaître tout aussi clairement que la critique de Judas – le gardien de la bourse qui feint de ne s'intéresser aux pauvres que pour voler l'argent de Jésus et des autres disciples – est plus probablement une invention de Jean qu'un fait historique. Durant la Cène, Jean rappelle que le diable a déjà soufflé à Judas l'idée de dénoncer Jésus (*Jn* 13, 2), avant de préciser ostensiblement que Satan entre en Judas quand Jésus lui donne le morceau de pain qu'il vient de plonger dans le plat commun (*Jn* 13, 27).

Et, dès le début de son discours d'adieu le soir de la Cène, on voit dans l'*Évangile de Jean* Jésus désigner Judas comme celui qui le livrera (*Jn* 13, 1-2, 4-11, 18-19, 21-30) :

> *... Jésus, sachant que son heure était venue de passer de ce monde vers le Père, ayant aimé les siens qui étaient dans le monde, les aima jusqu'à la fin.*
>
> *Au cours d'un repas, alors que déjà le diable avait mis au cœur de Judas Iscariote, fils de Simon, le dessein de le livrer,* [... Jésus] *se lève de table, dépose ses vêtements, et prenant un linge, il s'en ceignit. Puis il met de l'eau dans un bassin et il commença à laver les pieds des disciples et à les essuyer avec le linge dont il était ceint.* [... Jésus dit à Simon-Pierre], *« Qui s'est baigné n'a pas besoin de se laver ; il est pur tout entier. Vous aussi, vous êtes purs ; mais pas tous. » Il connaissait en effet celui qui le livrait* [...].
>
> *« Ce n'est pas de vous tous que je parle ; je connais ceux que j'ai choisis ; mais il faut que l'Écriture s'accomplisse :*
> *Celui qui mange mon pain*
> *a levé contre moi son talon.*
> *Je vous le dis, dès à présent,*
> *avant que la chose n'arrive,*
> *pour qu'une fois celle-ci arrivée,*

vous croyiez que Moi, Je Suis.

[...] *Ayant dit cela, Jésus fut troublé en son esprit et il attesta :*

« En vérité, en vérité, je vous le dis, l'un de vous me livrera. »

Les disciples se regardaient les uns les autres, ne sachant de qui il parlait. Un de ses disciples était installé tout contre Jésus : celui qu'aimait Jésus. Simon-Pierre lui fait signe et lui dit : « Demande quel est celui dont il parle. » Celui-ci, se penchant alors vers la poitrine de Jésus, lui dit : « Seigneur, qui est-ce ? » Jésus répond : « C'est celui à qui je donnerai la bouchée que je vais tremper. » Trempant alors la bouchée, il la prend et la donne à Judas, fils de Simon Iscariote. Après la bouchée, alors Satan entra en lui. Jésus lui dit donc : « Ce que tu fais, fais-le vite. » Mais cela, aucun parmi les convives ne comprit pourquoi il le lui disait. Comme Judas tenait la bourse, certains pensaient que Jésus voulait lui dire : « Achète ce dont nous avons besoin pour la fête », ou qu'il donnât quelque chose aux pauvres. Aussitôt la bouchée prise, il sortit ; c'était la nuit.

Dans la grande prière par laquelle Jésus conclut son discours d'adieu, on revient sur Judas (*Jn* 17, 12) :

Quand j'étais avec eux,
je les gardais dans ton Nom que tu m'as donné.
J'ai veillé et aucun d'eux ne s'est perdu, sauf le fils de perdition,
afin que l'Écriture fût accomplie.

Dans l'*Évangile de Jean*, Judas ne reparaît plus après l'arrestation de Jésus (*Jn* 18, 1-12) :

Ayant dit cela, Jésus s'en alla avec ses disciples de l'autre côté du torrent du Cédron. Il y avait là un jardin dans lequel il entra, ainsi que ses disciples. Or Judas, qui le livrait, connaissait aussi ce lieu, parce que bien des fois Jésus et ses disciples s'y étaient réunis. Judas donc, menant la cohorte et des gardes détachés par les grands prêtres et les Pharisiens, vient là avec des lanternes, des torches et des armes. Alors Jésus, sachant tout ce qui allait lui advenir, sortit et leur dit : « Qui cherchez-vous ? » Ils lui répondirent : « Jésus le Nazôréen. » Il leur dit : « C'est moi. » Or Judas, qui le livrait, se tenait là, lui aussi, avec eux. Quand Jésus leur eut dit : « C'est moi », ils reculèrent et tombèrent à terre. De nouveau il leur demanda : « Qui cherchez-vous ? » Ils dirent : « Jésus le Nazôréen. » Jésus répondit : « Je vous ai dit que c'est moi. Si donc c'est moi que vous cherchez, laissez ceux-là s'en aller » : afin que s'accomplît la parole qu'il avait dite :

« Ceux que tu m'as donnés, je n'en ai pas perdu un seul. »

Alors Simon-Pierre, qui portait un glaive, le tira, frappa le serviteur du grand prêtre et lui trancha l'oreille droite. Ce serviteur avait nom Malchus. Jésus dit à Pierre : « Rentre le glaive dans le fourreau. La coupe que m'a donnée le Père, ne la boirai-je pas ? »

Alors la cohorte, le tribun et les gardes des Juifs saisirent Jésus et le lièrent.

Ici Judas joue son rôle, indispensable dans l'Histoire, en amenant les autorités juives à arrêter Jésus. Mais ce rôle s'avère minime au regard de celui qu'il tient dans les autres Évangiles : il n'y a pas de baiser de mort. Dans l'*Évangile de Jean*, il fait ce qu'il a à faire et disparaît.

Judas dans les Évangiles canoniques et dans les *Actes des Apôtres*

Ce survol des évangiles canoniques et des *Actes des Apôtres*, les textes responsables de le mauvaise image que Judas traîne depuis deux millénaires, permet de comparer les diverses interprétations du personnage de Judas. Et, en les examinant de plus près, de constater que ces textes ne brossent pas de lui une image aussi abominable qu'on le suppose généralement.

Certes, ils ne le disculpent en aucune manière et sont loin d'en faire un héros, contrairement à ce que l'*Évangile de Judas* tente apparemment de faire. Les recherches contemporaines s'efforcent de souligner que seul Luc (*Lc* 6, 16) le présente comme un véritable « traître », les autres auteurs considérant plutôt qu'il ne fait qu'accomplir le rôle que lui réservait de toute éternité la Bible hébraïque, tel que Jésus lui-même l'a prédit et même ordonné. Pourtant, les textes canoniques le vouent aux gémonies pour sa terrible action et le présentent en proie à un tel remords qu'il met fin à ses jours. Est-ce ainsi que l'on réagit quand on accomplit les Écritures ou qu'on obéit à Jésus ? Sûrement pas ! Seulement, louer Judas au lieu de le blâmer implique une inversion quasi totale de nos valeurs, ce que nous apporte l'*Évangile de Judas*.

– 2 –

LE JUDAS HISTORIQUE

Le nom de Judas Iscariote

Judas est la transcription grecque du nom hébreu *Juda*, qui signifie « loué ». Juda est certainement le nom le plus populaire du judaïsme : il lui donne même la racine de son nom ! Paul souligne qu'il a été élevé « dans le judaïsme » (*Ga* 1, 13-14) bien qu'il appartînt à la tribu de Benjamin (*Ph* 3, 5).

Quatrième fils de Jacob et Léa, Juda portait le nom de l'une des douze tribus d'Israël. Lorsque les Israélites gagnèrent la Terre Promise, la tribu de Juda hérita de la partie sud. Après le règne de Salomon, le royaume israélite créé par David fut divisé en deux : le royaume de Juda au Sud et le royaume d'Israël au Nord. Le royaume du Nord fut rayé des cartes par les Assyriens, celui du Sud vit ses habitants revenir après leur captivité à Babylone. L'empereur romain Auguste le nomma « *Judaea* », et ses habitants devinrent les « Judéens », ou « Juifs » (*Jn* 7, 1). De nos jours, l'État moderne d'Israël appelle Judée sa partie méridionale, tandis que les

Nations unies, les États-Unis et de ce fait les médias parlent plus volontiers de Cisjordanie.

Il semble donc logique que Judas, écrit à la grecque, ait été un nom juif très usité. Depuis la révolte des Macchabées contre les armées syriennes (167-160 av. J.-C.), menée par Judas Macchabée, ce nom était particulièrement populaire au sein de cette tribu. L'historien juif Flavius Josèphe rapporte en outre que les terroristes de son époque, les Zélotes, qu'il appelle Sicaires, donnaient souvent le nom de Judas à leurs chefs. On ne trouve pas moins de six Judas dans le Nouveau Testament.

Jésus lui-même avait un frère portant ce nom, détail largement occulté par les traducteurs (notamment anglais) de la Bible qui, soucieux d'éviter toute confusion entre ces deux Judas, rebaptisèrent le frère du Christ « Jude ». L'*Épître de Jude* s'ouvre par ces mots : « Jude, serviteur de Jésus-Christ, frère de Jacques. » Jacques est bien entendu un autre frère de Jésus, comme l'indique la liste donnée par Matthieu (*Mt* 13, 55) :

> *« Celui-là n'est-il pas le fils du charpentier ? N'a-t-il pas pour mère la nommée Marie, et pour frères Jacques, Joseph, Simon et Jude ? »*

Luc, lui, dénombre deux Judas parmi les douze apôtres (*Lc* 6, 16) :

> ... *Judas fils de Jacques, et Judas Iscarioth, qui devint un traître.*

Évidemment, après la crucifixion, lorsque Luc ne mentionne plus que onze apôtres, il ne reste qu'un seul Judas (*Ac* 1, 13) :

... et Judas fils de Jacques.

En raison du nombre de personnes nommées Judas, notamment parce qu'il y en a deux parmi les douze apôtres cités par Luc, sans parler de Judas le frère de Jésus, il fallait trouver un moyen de les distinguer les uns des autres. Lorsque plusieurs des Douze portent le même nom, on rajoute une précision : par exemple Simon-Pierre et Simon le Cananéen, ou Jacques frère d'André et Jacques fils d'Alphée. Il en va de même pour Judas fils de Jacques et Judas Iscariote.

Sur la signification d'« Iscariote », les théories ne manquent pas, au point que l'on ignore laquelle retenir. Il se peut que cela signifie « l'homme (*Ish*) de Qeriyyot », ville du sud de la Judée mentionnée dans le *Livre de Josué* (*Jos* 15, 25) : « Qeriyyot-Hèçron – c'est Haçor. » À moins que ce mot signifie seulement « ville » comme le suggère la traduction plutôt libre de la *New Revised Standard Version*, laquelle suggère également dans une note sur « Judas fils de Simon Iscariote » (*Jn* 6, 71) une deuxième possibilité : « Judas fils de Simon de Karyot (*Qeriyyot*). » Sur la carte actuelle du Néguev figure un Tel Qirrioth et il y a un Askaroth ou Askar près de Shechem. Il pourrait s'agir également de quelqu'un de « la ville », c'est-à-dire de Jérusalem, comme en attestent des sources juives postérieures. Ces diverses thèses font toutes de Judas le seul apôtre originaire de Judée, ce qui expliquerait qu'il ait été connu des autorités de Jérusalem.

« Iscariote » pourrait également signifier que Judas faisait partie de la tribu des Sicaires, le nom utilisé en son temps par Flavius Josèphe pour les Zélotes. Et il existe encore d'autres explications. En résumé, l'origine de ce terme est tellement incertaine qu'on ne peut la déterminer avec certitude. On constate qu'il était utilisé pour distinguer ce Judas-ci de l'autre Judas cité parmi les Douze et de Judas frère de Jésus.

L'*Évangile de Jean* cite également le père de Judas. Il était habituel, à l'époque comme aujourd'hui encore, de porter le nom de son père (ou d'un de ses ancêtres) en guise de « deuxième » nom. Dans les contrées nordiques, cet usage a donné naissance à d'innombrables patronymes s'achevant par le suffixe « -son » (fils de). Ainsi, mon propre nom, Robinson, renvoie au surnom écossais de Robert, Robin. Quant à mon nom médian, McConkey (le « M. » de James M. Robinson), il utilise la variante gaélique de ce suffixe, « Mc » ou « Mac ». En grec, on utilise le génitif : « X (fils) de Y », d'où la présence dans l'*Évangile de Jean* de « Judas fils de Simon Iscariote » (*Jn* 6, 71 ; 13, 2 ; 26). Mais comme ce Simon est inconnu, cette maigre information ne nous est d'aucun secours.

Judas dans le premier cercle de Jésus

Certains auteurs contestent l'appartenance de Judas aux Douze. N'était-il pas déraisonnable de la part de

Jésus d'admettre une telle personne parmi ses proches ? Pourtant l'*Évangile de Jean*, le plus critique vis-à-vis de Judas, souligne explicitement le fait que c'est bien Jésus qui l'a choisi (*Jn* 6, 70-71) :

Jésus leur répondit : « N'est-ce pas moi qui vous ai choisis, vous, les Douze ? Et l'un d'entre vous est un diable. » Il parlait de Judas, fils de Simon Iscariote.

Mais Jean suppose que Jésus a choisi Judas en connaissance de cause, parce qu'il s'agissait d'un gredin notoire. Qu'en est-il ?

Pour Celse, auteur du IIe siècle qui critique violemment le christianisme, le fait qu'un de ses disciples l'ait trahi suffit à discréditer Jésus[I] :

Comment aurions-nous pu accepter comme Dieu quelqu'un qui, comme cela nous a été rapporté, n'a accompli aucune des tâches qu'il avait annoncées, et qui, lorsque nous avons eu des preuves contre lui, l'avons dénoncé et voulu le punir, s'est caché et a tenté de s'enfuir ; qui a été ensuite capturé de façon déshonorante et même trahi par un homme qu'il appelait son disciple ? S'il avait été Dieu, il n'aurait eu nul besoin de fuir, d'être emmené chargé d'entraves, et encore moins abandonné par ses compagnons, eux qui partageaient tout avec lui et le considéraient comme leur maître.

Pourtant, Judas est cité parmi les Douze dans les Évangiles (*Mt* 10, 4 ; *Mc* 3, 19 ; *Lc* 6, 16). Ses références sont solides !

La question est moins de savoir si Judas a bien fait partie des Douze que de savoir si Jésus a réellement créé un cercle de douze disciples exactement. Le nombre douze semble faire référence aux douze tribus d'Israël. On peut voir émerger cette idée dans la conclusion des *Évangiles Q* (*Q* 22 ; *Lc* 22, 28-30) :

> « *Vous êtes, vous, ceux qui sont demeurés constamment avec moi dans mes épreuves ;* [...] *et vous siégerez sur des trônes pour juger les douze tribus d'Israël.* »

Matthieu déduit de cette conclusion que puisqu'un disciple de Jésus jugerait chacune des douze tribus, ce « tribunal » comporterait sûrement douze sièges (*Mt* 19, 28) :

> « *En vérité je vous le dis, à vous qui m'avez suivi : dans la régénération, quand le Fils de l'homme siégera sur son trône de gloire, vous siégerez vous aussi sur douze trônes, pour juger les douze tribus d'Israël.* »

Ici, l'idée de juger les douze tribus d'Israël implique la présence de douze trônes, qui à son tour engendrera l'idée d'un premier cercle composé de douze membres. On peut donc penser qu'on n'a pas abouti à ce total de douze en comptant les membres du cercle rapproché du Christ, mais en comptant les tribus. Il se peut de ce fait que Paul parle des Douze même si seuls onze disciples sont intervenus. Par exemple, dans la liste des apparitions après la résurrection, Paul déclare (*1Co* 15, 5) :

> [... qu'] *il est apparu à Céphas, puis aux Douze.*

Mais au moment de ces apparitions, Judas ne faisait plus partie des Douze. Donc, au mieux, Jésus est apparu à onze apôtres en tout. Mais Paul cherche simplement à indiquer que Jésus est apparu à son premier cercle de disciples, ceux que l'on appelait « les Douze ». D'ailleurs, certains de ces Douze ne sont que des noms et n'apparaissent dans aucun récit spécifique. Seuls sortent d'ordinaire du lot Pierre, Jacques et Jean.

Un évangile judéo-chrétien qui ne fut pas admis dans le Nouveau Testament, l'*Évangile des Ébionites*, ne citait que neuf disciples, dont Judas, mais dans celui de Matthieu il est question de « douze apôtres témoins d'Israël ». Là encore, la référence aux douze tribus d'Israël est implicite.

Que les apôtres aient été ou non douze au moment où Jésus exerçait son ministère, il semble clair que Judas en faisait partie. Son nom n'aurait guère pu être introduit par la suite, après qu'il eut livré Jésus et se fut suicidé. Mais que pouvons-nous savoir de lui ?

Qu'a vraiment fait Judas ?

L'*Évangile de Jean* présente Judas comme le trésorier du groupe de Jésus, et en profite pour essayer de le discréditer chez Marie et Marthe (*Jn* 12, 4-6) :

> *Mais Judas l'Iscariote, l'un de ses disciples, celui qui allait le livrer, dit : « Pourquoi ce parfum n'a-t-il pas été vendu trois*

cents deniers qu'on aurait donnés à des pauvres ? » Mais il dit cela non par souci des pauvres, mais parce qu'il était voleur et que, tenant la bourse, il dérobait ce qu'on y mettait.

Jean revient sur cet épisode lors de la Cène (*Jn* 13, 27-29) :

Après la bouchée, alors Satan entra en lui. Jésus lui dit donc : « Ce que tu fais, fais-le vite. » Mais cela, aucun parmi les convives ne comprit pourquoi il le lui disait. Comme Judas tenait la bourse, certains pensaient que Jésus voulait lui dire : « Achète ce dont nous avons besoin pour la fête », ou qu'il donnât quelque chose aux pauvres.

Mais comme aucun autre évangéliste n'évoque cette fameuse bourse commune, ce détail paraît sujet à caution...

Marc explique que les autorités juives voulaient arrêter Jésus discrètement, par peur d'une émeute populaire en cette période de fête (*Mc* 14, 1-2). Jésus y fait ensuite allusion dans le jardin de Gethsémani (*Mc* 14, 49) :

« Chaque jour j'étais auprès de vous dans le Temple, à enseigner, et vous ne m'avez pas arrêté. Mais c'est pour que les Écritures s'accomplissent. »

Mais Jésus ne pouvait évidemment pas savoir que les autorités redoutaient de l'arrêter « en pleine fête, de peur qu'il n'y ait du tumulte parmi le peuple » (*Mc* 14, 2).

Et d'ailleurs, à quelles Écritures Jésus pensait-il ? Connaissait-il aussi bien celles-ci que les érudits modernes le croient ? Certainement pas !

Marc dépeint Jésus prédisant lors de la Cène que Judas le livrerait (*Mc* 14, 18 ; 21) :

> *Et tandis qu'ils étaient à table et qu'ils mangeaient, Jésus dit : « En vérité, je vous le dis, l'un de vous me livrera, un qui mange avec moi. »* [...] *Oui, le Fils de l'homme s'en va selon qu'il est écrit de lui ; mais malheur à cet homme-là par qui le Fils de l'homme est livré ! Mieux eût valu pour cet homme-là de ne pas naître. »*

Là, Jésus est présenté comme accomplissant une prophétie de l'Ancien Testament (*Ps* 41, 10) :

> *Même le confident sur qui je faisais fond et qui mangeait mon pain, se hausse à mes dépens.*

La situation est curieuse : l'Ancien Testament prédit ce que Judas va faire et Jésus connaît parfaitement ce passage, mais il ne va rien faire pour empêcher que les Écritures s'accomplissent, parce que de toute évidence elles représentent la volonté de Dieu. Mais dans ce cas, pourquoi maudit-il celui par qui la prophétie se réalise ? Eût-il été vraiment préférable pour Judas qu'il ne fût point né ? Pour Judas peut-être, mais pas pour Jésus, dont le destin était de mourir selon la volonté de Dieu ! Mathieu met l'accent sur ce rôle dévolu à Judas (*Mt* 26, 25) :

À son tour, Judas, celui qui allait le livrer, lui demanda : « Serait-ce moi, Rabbi ? » – « Tu l'as dit », répond Jésus.

L'*Évangile de Jean* décrit la scène de façon bien plus détaillée (*Jn* 13, 22 ; 25-27 ; 30) :

Les disciples se regardaient les uns les autres, ne sachant de qui il parlait [...] *Jésus répond : « C'est celui à qui je donnerai la bouchée que je vais tremper. » Trempant alors la bouchée, il la prend et la donne à Judas, fils de Simon Iscariote. Après la bouchée, alors Satan entra en lui. Jésus lui dit donc : « Ce que tu fais, fais-le vite. »* [...] *Aussitôt la bouchée prise, il sortit ; c'était la nuit.*

Qu'y a-t-il donc de si répréhensible dans le fait que Judas ait quitté la pièce où se déroulait la Cène pour livrer Jésus aux autorités juives ? Après tout, il accomplissait la prophétie des Écritures juives ! Et il ne faisait qu'obéir aux ordres : « Ce que tu fais, fais-le vite. »

Tout ceci ressemble plus à ce que de savants évangélistes ont pu écrire en se référant à la Bible juive (dans sa traduction grecque, dite des LXX) qu'à un dialogue véritable qui se serait tenu pendant la Cène.

Judas Iscariote a-t-il « trahi » Jésus ?

L'*Évangile de Marc* présente avec un grand luxe de détails la scène du jardin de Gethsémani, dans laquelle Judas joue le rôle central (*Mc* 14, 43-46) :

Et aussitôt, comme il parlait encore, survient Judas, l'un des Douze, et avec lui une bande armée de glaives et de bâtons, venant de la part des grands prêtres, des scribes et des anciens. Or, le traître leur avait donné ce signe convenu : « Celui à qui je donnerai un baiser, c'est lui ; arrêtez-le et emmenez-le sous bonne garde. » Et aussitôt arrivé, il s'approcha de lui en disant : « Rabbi », et il lui donna un baiser. Les autres mirent la main sur lui et l'arrêtèrent.

Que se passe-t-il, là, dans l'« affaire Judas » ? Plusieurs livres récents ont proposé une approche plus indulgente du cas de l'apôtre maudit, laissant entendre que, dans le fond, il n'aurait pas si mal agi que cela. Dans son ouvrage romancé, qui porte – déjà ! – le titre *The Gospel according to Judas*[II] (*L'Évangile selon Judas*), Ray Anderson imagine un dialogue entre Jésus et Judas au cours duquel Jésus accorde son pardon à Judas. De son côté, Hans-Josef Klauck, un professeur allemand qui a récemment rejoint la Divinity School de l'université de Chicago, adopte une approche impartiale envers ce « disciple du Seigneur » dans un ouvrage qui n'est malheureusement disponible qu'en allemand[III]. *Judas : Betrayer or Friend of Jesus ?*[IV] (*Judas : Traître ou ami de Jésus ?*), de William Kassen, défend pour sa part la thèse d'un Judas plus féal que félon. Quant à Kim Paffenroth, spécialiste de la religion et du cinéma, il livre une vision fort bienveillante de Judas, quoiqu'un brin romancée, dans *Judas : Images of the Lost Disciple*[V] (*Judas : Images du disciple perdu*).

La thèse de Klassen est que Judas n'a pas *trahi* Jésus, mais l'a seulement *livré* aux autorités juives compétentes afin qu'elles jaugent la validité de ses assertions, en accord avec les coutumes judaïques de l'époque. Nous avons donc tort de le considérer comme un *traître*, et de considérer ce que les Évangiles décrivent comme une trahison[VI] :

> *Aucun texte classique grec* [...] *ne comporte cette connotation de trahison. Tout lexique qui suggérerait le contraire se rendrait coupable d'une lecture théologique au lieu de nous aider à comprendre le sens des mots grecs à travers leur usage.*

De fait, le verbe grec des Évangiles qui est traduit par « trahir », *paradidomi*, ne possède pas le sens négatif que l'on associe à la trahison en français. Dans le dictionnaire usuel gréco-anglais du Nouveau Testament utilisé par tous les spécialistes[VII], le premier sens de ce verbe est plutôt neutre : « livrer, donner, remettre » une personne. Mais il s'interprète aussi de manière positive : « consacrer, confier, recommander » comme, par exemple, dans « recommander une personne à la grâce de Dieu » (*Ac* 14, 26 ; 15, 40). Il signifie souvent aussi « transférer, faire passer, transmettre, relater, enseigner » une tradition orale ou écrite.

On le retrouve notamment dans la liturgie de la Cène : « Pour moi, en effet, j'ai reçu du Seigneur ce qu'à mon tour je vous ai *transmis* » (*1Co* 11, 23), et dans la présentation par Paul d'une liste des apparitions de Jésus après la résurrection : « Je vous ai donc *transmis* en premier lieu ce que j'avais moi-même reçu » (*1Co* 15, 3). Le double sens du verbe permet donc d'argumenter qu'il s'agit dans le cas de la « trahison » de Judas plutôt d'une *livraison*, d'un *transfert*, à la fois dans le sens d'une *arrestation* et dans celui d'une *transmission* d'une *tradition*. L'utilisation de ce verbe indique clairement que Judas a *livré* Jésus. L'étymologie du terme grec est neutre ; elle parle de « donner ». C'est donc ce terme que j'utiliserai dans les lignes qui vont suivre. Mais toute la question réside dans sa signification réelle...

Dans l'ensemble du Nouveau Testament, le terme « traître » n'est appliqué qu'une seule fois à Judas Iscariote, lorsque Luc le cite à la fin de la liste des Douze (*Lc* 6, 16) : « Judas Iscariote, qui devint un traître. » S'agit-il d'une erreur de la part de Luc ?

Judas Iscariote a *donné* Jésus aux autorités juives

Les théologiens n'ont pas ménagé leur peine pour tenter de définir en quoi exactement Judas avait « trahi » Jésus, par exemple s'il avait révélé qu'il était le Messie. Mais les documents sont formels : Judas n'a rien révélé de qui était Jésus, ni de ce qu'il faisait ou enseignait. Il a simplement indiqué où le trouver. Marc est très clair à ce sujet (*Mc* 14, 1-2) :

> *La Pâque et les Azymes allaient avoir lieu dans deux jours, et les grands prêtres et les scribes cherchaient comment arrêter Jésus par ruse pour le tuer. Car ils se disaient : « Pas en pleine fête, de peur qu'il n'y ait du tumulte parmi le peuple. »*

Ces versets font référence à un commentaire antérieur sur l'expulsion des marchands du Temple par Jésus (*Mc* 11, 18-19) :

Cela vint aux oreilles des grands prêtres et des scribes et ils cherchaient comment le faire périr ; car ils le craignaient, parce que tout le peuple était ravi de son enseignement. Le soir venu, il s'en allait hors de la ville.

Klassen fait valoir que, pour Judas, livrer Jésus aux autorités juives compétentes n'est pas forcément une « trahison » hostile, mais plutôt une procédure assez courante dans le monde juif de l'époque. Il en arrive à la conclusion suivante[VIII] :

« Quelle fut précisément la contribution de Judas ? Je prétends que, une fois replacée dans son contexte, elle demeure plutôt modeste. Au cours de ses discussions avec Jésus, il l'avait souvent entendu critiquer la hiérarchie du Temple. Et lorsque Judas rappelait à Jésus qu'il recommandait toujours de réprimander directement les pécheurs, celui-ci lui a peut-être répondu que l'occasion ne s'était pas présentée à lui d'affronter directement le grand prêtre. À ce moment-là, peut-être Judas a-t-il proposé d'arranger l'affaire, dans l'espoir que la réprimande de son maître portât ses fruits. Il a peut-être dans le même temps questionné Jésus sur sa propre fidélité à sa mission. Ce qui pourrait les avoir conduits à ourdir un plan dans le cadre duquel Judas devait organiser une rencontre entre Jésus et les grands prêtres, chacun posant ses propres conditions et conservant ses propres espoirs quant à son issue. Le rôle de Judas dans cette « livraison » aurait été présenté par la suite sous

un jour plus sinistre, surtout après son suicide. Libre au lecteur d'accepter ou de rejeter cette interprétation de la tradition la plus ancienne qui nous soit parvenue ; je la juge pour ma part au moins aussi plausible que le portrait ultra-négatif de Judas qui prévaut au sein de l'Église, qui repose à mon sens sur des bases très contestables. »

Cette proposition se nourrit bien entendu de spéculations impossibles à étayer sur ce qui aurait pu se passer entre Jésus et Judas ; elle n'est donc guère convaincante. Pourtant, elle offre une alternative à l'opinion couramment admise qui veut que Judas se soit montré entièrement déloyal et ait tout bonnement trahi Jésus. Et cela montre également comment L'*Évangile de Judas* pourrait, sans trop forcer la note, faire de Judas le héros de l'histoire.

Le suicide de Judas

Alors que l'*Évangile de Marc* ne rapporte que la malédiction que Jésus profère contre celui qui l'a livré (*Mc* 14, 21), Matthieu décrit en détail les remords et le suicide de Judas (*Mt* 27, 3-10) :

Alors Judas, qui l'avait livré, voyant qu'il avait été condamné, fut pris de remords et rapporta les trente pièces d'argent aux grands prêtres et aux anciens : « J'ai péché, dit-il, en livrant un sang innocent. » Mais ils dirent : « Que nous importe ? À toi de voir. » Jetant alors les pièces dans le sanctuaire, il se retira et s'en alla se pendre. Ayant ramassé

> *l'argent, les grands prêtres dirent : « Il n'est pas permis de le verser au trésor, puisque c'est le prix du sang. » Après délibération, ils achetèrent avec cet argent le « champ du potier » comme lieu de sépulture pour les étrangers. Voilà pourquoi ce champ-là s'est appelé jusqu'à ce jour le « Champ du Sang ». Alors s'accomplit l'oracle de Jérémie le prophète :* Et ils prirent les trente pièces d'argent, le prix du Précieux qu'ont apprécié des fils d'Israël, et ils les donnèrent pour le champ du potier, ainsi que me l'a ordonné le Seigneur[IX].

Cette histoire correspond point par point à la prophétie de l'Ancien Testament mais, comme bien souvent, il paraît probable que, plutôt que l'inverse, ce soit la prophétie qui ait engendré les détails du récit ultérieur. L'Ancien Testament était la référence absolue s'agissant des prédictions accomplies par Jésus. Il suffit de lire *Zacharie* 11, 12-13 :

> *Je leur dis alors : « Si cela vous semble bon, donnez-moi mon salaire, sinon n'en faites rien. » Ils pesèrent mon salaire : trente sicles d'argent. Yahvé me dit : « Jette-le au fondeur, ce prix splendide auquel ils m'ont apprécié ! » Je pris donc les trente sicles d'argent et les jetai à la Maison de Yahvé, pour le fondeur.*

Par exemple, le fait que ceux qui ont crucifié Jésus « se partagent ses vêtements en tirant au sort ce qui reviendrait à chacun » (*Mc* 15, 25) provient tout droit du *Psaume 22*, 19 :

> *Ils partagent entre eux mes habits et tirent au sort mon vêtement.*

Les détails de la crucifixion ne reflètent donc probablement pas des récits de témoins oculaires. Mais l'évolution des méthodes de travail des historiens, qui leur a permis de s'interroger sur la véracité de détails dont l'unique source est l'Ancien Testament, est assez récente.

Luc écrit également que Judas s'est suicidé, mais son récit diffère légèrement de celui de Matthieu (*Ac* 1, 15-19) :

> *En ces jours-là, Pierre se leva au milieu des frères – ils étaient réunis au nombre d'environ cent vingt personnes, – et il dit : « Frères, il fallait que s'accomplît l'Écriture où, par la bouche de David, l'Esprit saint avait parlé d'avance de Judas, qui s'est fait le guide de ceux qui ont arrêté Jésus. Il avait rang parmi nous et s'était vu attribuer une part dans notre ministère. Et voilà que, s'étant acquis un domaine avec le salaire de son forfait, cet homme est tombé la tête la première et a éclaté par le milieu, et toutes ses entrailles se sont répandues. La chose fut si connue de tous les habitants de Jérusalem que ce domaine fut appelé dans leur langue Hakeldama, c'est-à-dire "Domaine du sang". »*

Quoique divergents, ces deux récits semblent confirmer le suicide de Judas. Chez Mathieu, il se pend, tandis que dans les *Actes des Apôtres* il tombe et s'ouvre le ventre. Tous deux associent également le décès de l'apôtre maudit avec un lieu appelé « Champ du Sang » ou « Domaine du sang », acquis avec les trente pièces d'argent reçues pour avoir livré Jésus, mais dans le premier ce sont les autorités juives qui l'achètent avec la somme que Judas leur a restituée (*Mt* 27, 5-7), dans l'autre c'est Judas lui-même qui l'acquiert et c'est là qu'il se donne la mort (*Ac* 1, 18). Les détails des deux récits étant incompatibles, on ne peut dire que l'un des deux ait été copié sur l'autre. Il semble plutôt qu'ils participent d'une même tradition axée sur le suicide de Judas et sur le concept d'un « domaine du sang ».

La réhabilitation de Judas Iscariote

Dans notre histoire, il n'est pas de nom plus honni que celui de Judas Iscariote. Il suffit de traiter quelqu'un de « Judas », ou d'évoquer « le baiser de Judas » ou encore « les trente deniers d'argent » pour déconsidérer son adversaire dans l'instant. Même ceux qui n'ont jamais lu les Évangiles comprennent aussitôt le sens de telles remarques.

Peut-être faut-il réhabiliter Judas Iscariote ! Après tout, les évangélistes nous disent bien que les Douze étaient plutôt sceptiques quant à la mission de Jésus ; pourtant leurs noms, honorés, ont servi à accréditer les récits de Mathieu et de Jean. On sait aussi que Pierre a renié Jésus par trois fois, mais que cela ne l'a pas empêché de devenir la « pierre » sur laquelle l'Église du Christ s'est bâtie. Quant à la famille de Jésus, elle a tout fait pour le contrer dans les premiers temps de son ministère terrestre, mais le dogme nous enseigne aujourd'hui que Marie est montée au ciel lors de l'Assomption et nous invite à l'invoquer en ces termes : « Je vous salue Marie, mère de Dieu. » Ainsi, les personnages équivoques de l'histoire ont tous finis sanctifiés... sauf Judas Iscariote ! Le temps ne serait-il pas venu de rectifier cette anomalie ?

J'ai beaucoup apprécié l'excellent ouvrage du théologien mennonite William Klassen[X], qui a montré, comme je l'ai écrit plus haut, que les mots grecs généralement traduits dans les Évangiles par « traître » et « trahir » ne possédaient pas de connotation négative et signifiaient plutôt « donner », « livrer », « transmettre ».

Le choix de cette traduction neutre cadre également mieux avec les récits eux-mêmes. Jésus a annoncé à maintes reprises et en détail aux Douze qu'il devait se rendre à Jérusalem pour y mourir ; il a même reproché à Pierre de ne pas accepter ce destin prédit par les Écritures. C'est la volonté de Dieu, et Jésus doit l'accomplir. Judas joue un rôle indispensable dans le projet du Père et il doit sûrement le savoir. Comme le rappelle Jean, il est écrit dans l'Ancien Testament : « Celui qui mange mon pain a levé contre moi son talon. » (*Jn* 13, 18 ; *Ps* 41, 10.) Judas fait uniquement ce que Jésus lui a demandé de faire : « Ce que tu fais, fais-le vite. » (*Jn* 13, 27.) Peut-on le lui reprocher ?

Bien sûr, détail qu'oublient souvent ceux qui tentent d'exonérer Judas, tout cela relève plus de la théologie de Marc que de faits historiques avérés. Et Marc lui-même, tout en présentant Judas comme un élément du projet de Salut, le maudit néanmoins (*Mc* 14, 21). Et pourtant, le premier évangéliste ne se montre pas tendre avec les Douze, dont il fustige la bêtise, Pierre (alias Satan) ni la sainte Famille, embarrassée par la réputation de fanatique que Jésus se forge et qui préférerait le garder à l'abri des regards (même si sa mère est demeurée auprès de lui jusqu'à la fin, le Vendredi saint, et que son frère Jacques prendra la tête de l'Église de Jérusalem). Mais la Chrétienté les a tous réhabilités, si bien qu'il paraît un peu inconséquent d'abandonner Judas Iscariote à son triste sort !

On a fait valoir que Judas pouvait penser qu'en permettant aux autorités juives d'enquêter sur les revendications de Jésus, elles comprendraient certainement son message et approuveraient son ministère. Pourtant, la triple prédiction de Jésus à propos du Vendredi saint, que l'on trouve dans Marc, fait explicitement référence au rôle néfaste des « grands prêtres et [*des*] scribes », de sorte que Judas aurait dû être le plus bête des Douze pour ne pas imaginer ce qui arriverait s'il leur livrait Jésus. Il se révèle en somme très difficile d'interpréter les Évangiles canoniques dans un sens favorable à Judas. Matthieu et Luc n'atténuent en aucune façon le récit de Marc et l'*Évangile de Jean* est le plus dur de tous. Certes l'*Évangile de Matthieu* et les *Actes des Apôtres* font état des remords de Judas, de la façon dont il a rendu les trente pièces d'argent aux autorités juives ou bien acheté un terrain pour s'y suicider. Cela ne contribue-t-il pas à le disculper ?

Mais le meilleur moyen de modifier notre jugement sur Judas ne serait-il pas, finalement, de nous rappeler ce que Jésus lui-même disait du pardon ? Lorsqu'il absout ceux qui s'apprêtent à le tuer : « Pardonnez-leur parce qu'ils ne savent pas ce qu'ils font » – cette phrase sera reprise par le premier martyr chrétien, Étienne, lors de sa lapidation (*Ac* 7, 60) – ou annonce à l'un des criminels crucifiés avec lui : « En vérité, je te le dis, aujourd'hui tu seras avec moi dans le Paradis » (*Lc* 23, 43), il ne fait que mettre en pratique ses propres enseignements ! On pense notamment au Sermon sur la montagne (*Q* 6, 27-38 ; *Q* 15, 4-5, 7 ; 15, 8-10 ; 17, 3-4) :

Aimez vos ennemis et priez pour ceux qui vous persécutent, afin de devenir les fils de votre Père, car il fait luire son soleil sur le bon et le méchant et fait pleuvoir sur le juste et l'injuste.

À qui te frappe sur une joue, présente encore l'autre ; et à qui veut te faire un procès pour prendre ta chemise, donne aussi ton manteau. Et celui qui te requiert pour une course d'un mille, accompagne-le pour un second. À quiconque te demande, donne et à qui t'emprunte ton bien, ne le réclame pas.

Traite les autres comme tu aimerais qu'ils te traitent.

Si vous aimez ceux qui vous aiment, quel gré vous en saura-t-on ? Les publicains eux-mêmes n'agissent-ils pas ainsi ? Et si vous prêtez à ceux dont vous espérez recevoir, quel gré vous en saura-t-on ? Les païens eux-mêmes n'agissent-ils pas ainsi ?

Montrez-vous compatissants, comme votre Père est compatissant.

Ne jugez pas, et vous ne serez pas jugés. Car vous serez jugés ainsi que vous avez jugé. Et de la mesure dont vous mesurez on mesurera pour vous en retour.

Lequel parmi vous, possédant cent brebis et en perdant une, ne courra pas dans les montagnes, abandonnant les quatre-vingt-dix-neuf autres pour retrouver cette brebis égarée ? Et s'il la retrouve, je vous dis qu'il se réjouira plus de ce retour que des quatre-vingt-dix-neuf brebis demeurées au bercail.

Et quelle femme nantie de dix pièces, si elle vient à en perdre une, n'allumera pas une lampe pour fouiller sa maison jusqu'à ce qu'elle la retrouve ? Et quand elle l'aura retrouvée, elle appellera amis et voisins, et dira : « Réjouissez-vous avec moi, car j'ai retrouvé la pièce que j'avais perdue. » De même, je vous le dis, un pécheur repenti suffit à réjouir les anges.

Si ton frère pèche contre toi, réprimande-le ; et s'il se repent, pardonne-lui. Et si sept fois par jour il pèche contre toi, sept fois aussi tu lui pardonneras.

Alors, devrions-nous donc pardonner à Judas ? Aimer notre ennemi ? Je ne crois pas que les efforts déployés pour prouver qu'il a bien agi, eu égard aux circonstances, soient probants. Mais je crois en revanche que l'on doit cesser d'en faire un bouc émissaire et tâcher de montrer envers lui plus d'équité et de compassion.

– 3 –

LE JUDAS GNOSTIQUE

La première fois que l'on entend parler de Judas après le Nouveau Testament, c'est pour... sa défense ! Au milieu du IIe siècle après Jésus-Christ, une secte gnostique, les Caïnites, écrit un *Évangile de Judas*. Évidemment, on le fait aussitôt disparaître, mais apparemment c'est ce même document qui a récemment été redécouvert. Que savons-nous de cet *Évangile de Judas*, déjà condamné par les Pères de l'Église chasseurs d'hérésies ? Et que savons-nous de la façon dont on écrivait les livres en ces temps-là ?

C'est Irénée, évêque de Lyon, qui le premier mentionne ce texte dans son *Contre les hérésies*, rédigé vers l'an 180. On le trouve ensuite cité par un autre pourfendeur de déviants religieux, Épiphane, évêque de Salamine, à Chypre, au IVe siècle. C'est par eux qu'il nous faut donc commencer.

Le commentaire horrifié d'Irénée nous en apprend long sur la façon dont les Caïnites utilisaient la Bible, et donc sur l'interprétation qu'ils pouvaient faire de l'histoire de Judas. Irénée mentionne d'ailleurs l'*Évangile de Judas* dans le passage suivant[I] :

> *D'autres encore disent que Caïn était issu de la Suprême Puissance, et qu'Esaü, Coré, les gens de Sodome et tous leurs pareils étaient de la même race qu'elle : pour ce motif, bien qu'ils aient été en butte aux attaques du Démiurge, ils n'en ont subi aucun dommage, car Sagesse s'emparait de ce qui, en eux, lui appartenait en propre. Tout cela, disent-ils, Judas le traître l'a exactement connu, et, parce qu'il a été le seul d'entre les disciples à posséder la connaissance de la vérité, il a accompli le « mystère » de la trahison. C'est ainsi que, par son entremise, la confusion s'est emparée de toutes les choses terrestres et célestes. Ils exhibent, dans ce sens, un écrit de leur fabrication, qu'ils appellent « Évangile de Judas ».*

Esaü, Coré et les gens de Sodome sont évidemment de mauvaises fréquentations – et l'entourage d'une personne en dit long sur elle... Ces êtres qu'Irénée associe à Judas ont commis des actes si épouvantables que le Dieu de la Bible les a sévèrement punis. Voyons cela plus en détail :

Esaü est le fils aîné d'Isaac et de Rébecca, qui a vendu son droit d'aînesse à son jeune frère Jacob contre un plat de lentilles.

Paul résume ainsi la situation (*Rm* 9, 13) :

> *Selon qu'il est écrit :* J'ai aimé Jacob et j'ai haï Esaü.

L'*Épître aux Hébreux*, elle, fait la recommandation suivante (*He* 12, 16) :

À ce qu'enfin il n'y ait aucun impudique ni profanateur, comme Esaü qui, pour un seul mets, livra son droit d'aînesse.

Coré était quant à lui le fils d'Esaü (*Gn* 36, 5 ; 14 ; *1Ch* 1, 35), ou son petit-fils (*Gn* 36, 16). Peut-être s'agit-il simplement du nom d'un clan. Mais en tout cas on le rend responsable ou coupable d'avoir fomenté une révolte contre Moïse et Aaron, sur laquelle nous reviendrons.

Les gens de Sodome sont sans doute les mieux connus des « méchants » de la Bible, en partie à cause de la pratique dérivée de leur nom – la sodomie. Sodome était une grande ville au sud de la mer Morte, dont les ruines étaient déjà célèbres dans l'Antiquité. En 1965, j'ai participé à une campagne de fouilles archéologiques sur le site de Bab el-Dhra, emplacement le plus vraisemblable de la cité mythique, mais sans rien trouver de probant.

Dans cette ville vivait Lot, le neveu d'Abraham. Fidèle à la tradition d'hospitalité orientale, il accueillit un soir chez lui deux anges, mais avant l'heure du coucher les choses se gâtèrent (*Gn* 19, 4-5) :

Ils n'étaient pas encore couchés que la maison fut cernée par les hommes de la ville, les gens de Sodome, depuis les jeunes jusqu'aux vieux, tout le peuple sans exception. Ils appelèrent Lot et lui dirent : « Où sont les hommes qui sont venus chez toi cette nuit ? Amène-les-nous pour que nous en abusions. »

La destruction de Sodome par Dieu était déjà légendaire dans l'Antiquité, et avait valeur d'avertissement contre ceux qui s'aviseraient de commettre des abominations. Ils encouraient dans ce cas un châtiment équivalent, voire pire (*Q* 10, 12) :

> *Sodome aura été traitée moins sévèrement que cette ville en ce jour.*

Sodome et sa ville sœur Gomorrhe demeureront dans l'Histoire comme les cités les plus décadentes de l'Antiquité, frappées par une punition exemplaire (*Rm* 9, 29) :

> *Et comme l'avait prédit Isaïe :* Si le Seigneur Sabaot ne nous avait laissé un germe, nous serions devenus comme Sodome, assimilés à Gomorrhe.

Leur condamnation perdure de façon plus explicite encore à l'époque post-apostolique (*Jude* 7) :

> *Ainsi Sodome, Gomorrhe et les villes voisines qui se sont prostituées de la même manière et ont couru après une chair différente, sont-elles proposées en exemple, subissant la peine d'un feu éternel.*

Et c'est probablement dans le livre le plus tardif du Nouveau Testament, rédigé au IIe siècle, la *Deuxième Épître de Pierre*, que leur dépravation est le plus fortement soulignée (*2P* 2, 4 ; 6, 9-10) :

> *Car si Dieu n'a pas épargné les Anges qui avaient péché, mais les a mis dans le Tartare et livrés aux abîmes de ténèbres, où ils sont réservés pour le Jugement ;* [...] *si, à titre d'exemple pour les impies à venir, il a mis en cendres et condamné à la destruction les villes de Sodome et de Gomorrhe ;* [...] *c'est que le Seigneur sait délivrer de l'épreuve les hommes pieux et garder les hommes impies pour les châtier au jour du Jugement, surtout ceux qui, par convoitise impure, suivent la chair et méprisent la Seigneurie.*
>
> *Audacieux, arrogants, ils ne craignent pas de blasphémer les Gloires* [...].

Telle est donc la Sodome qu'Irénée associe à Caïn...

Deux siècles après Irénée, Épiphane cite et fustige à son tour la secte gnostique qui composa l'*Évangile de Judas*[II] :

> *Et d'autres disent « Non, il* [Judas] *l'a trahi en dépit de sa bonté, en raison de sa connaissance divine. Car les* [mauvais] *archontes savaient. Ils disaient "que la puissance la plus faible se déliterait si Christ était livré à la crucifixion." Et lorsque Judas découvrit ceci, il fut anxieux et fit tout ce qu'il put pour le trahir et accomplir une bonne action pour notre salut. Et nous devons le louer et l'en remercier, puisque la rédemption par la croix nous a été donnée à travers lui, ainsi que la révélation des choses qu'elle a entraînée. »*

Mais Judas n'a pas trahi le Sauveur parce qu'il possédait une connaissance supérieure, comme ces gens le disent ; et les Juifs ne seront pas récompensés pour avoir crucifié le Seigneur, bien que cette crucifixion nous ait très certainement apporté le Salut. Judas ne l'a pas trahi pour qu'il nous sauve, mais par ignorance, cupidité et désir d'ignorer Dieu.

> [Ils disent aussi que] *« Judas a tout découvert d'elles* [les puissances supérieures]. *» Car ils le disent parent* [de celles-ci] *et ils le considèrent comme particulièrement doué de connaissance, en sorte qu'ils lui attribuent même un bref écrit, qu'ils appellent l'« Évangile de Judas ».*

Épiphane fait ici allusion à la théorie dualiste chère aux gnostiques, selon laquelle le monde d'ici-bas est mauvais et le monde céleste bon. Judas a donc dû comprendre la mort du corps faible et terrestre du Christ comme un passage nécessaire pour libérer sa nature céleste. Certains louent donc Judas, qu'ils qualifient d'initié ou « connaissant » (thème essentiel chez les gnostiques) qui a permis à l'acte salvateur du Christ de s'accomplir, et lui attribuent même un évangile. Toutefois, l'évêque de Salamine refuse absolument d'envisager que Judas ait pu être mû par autre chose que l'ignorance et la cupidité.

Ce que les spécialistes savent déjà sur l'*Évangile de Judas*

Il existe un ouvrage de référence sur les évangiles qui n'ont pas été admis au sein du Nouveau Testament, qui présente dans un style un peu trop universitaire, mais de façon succincte et exhaustive, tout ce que l'on sait à présent sur les Caïnites et leur *Évangile de Judas*. Mes lecteurs excuseront la pédanterie de cet ouvrage[III].

1. ***Attestation :*** La source la plus importante et la plus ancienne en l'espèce est Irénée (*adv. Haer.* I 31, 1 = Théodoret de Cyr, *Haereticorum fabularum compendium* I 15, PG LXXXIII 368B) : certains membres de sectes gnostiques possédaient, outre des œuvres de leur propre composition, un « évangile » attribué au traître Judas (*Judae evangelium...*) ; ils sont qualifiés ailleurs de Caïnites, et comptent parmi les « gnostiques » évoqués par Épiphane avec les Nicolaïtes, les Ophites, les Séthiens ou les Carpocratiens. L'existence et le titre du document sont également attestés par Épiphane (*Pan* 38.1.5 ; II, 63.13f. Holl.)

2. ***Contenu :*** Il serait imprudent d'attribuer à l'*Évangile de Judas* une citation tirée par Épiphane d'un livre caïnite (*Pan.* 38.2.4 ; II, 64.17-19 Holl.) : « Voici l'ange qui a aveuglé Moïse, et ceux-là sont les anges qui ont englouti les gens de Coré, Datân et Abiram. » Il y a encore moins de raison d'attribuer à cet évangile une formule reprise par Irénée (*I* 31.2) et Épiphane (38.2.2), qui accompagnait les rites sexuels pratiqués par la secte pour atteindre à la « connaissance parfaite ». Quant au sujet et au contenu de cet apocryphe, nous en sommes réduits à de simples conjectures, appuyées au mieux par certaines caractéristiques de la doctrine caïnite telle qu'elle est connue par les notices des hérésiologues. Il est possible, mais nullement certain, que cet « évangile » ait comporté un récit de la Passion mettant en avant le « mystère de la trahison » (*proditionis mysterium*) et expliquant comment Judas, par sa trahison, a rendu possible le Salut de tout le genre humain : soit il a prévenu la destruction de la vérité proclamée par le Christ, soit il a contrecarré les desseins des puissances mauvaises, les archontes [dans le langage de la gnose], qui voulaient empêcher la crucifixion car ils savaient que cela les priverait de leur faible pouvoir et apporterait le Salut à l'humanité (ps.-Tertullien, *adv. Omn. Haer.* 2 ; Épiphane, *Pan.* 38.3.3-5 ; Philastre, *Haer.* 34 ; Augustin, *de Haer.* 18 ; ps.-Jérôme, *Indiculus de haer.* 8 ; cf. Bauer, *Leben Jesu*, p. 176). Pourtant, il est possible qu'en substance l'ouvrage fût une exposition de la doctrine secrète (licencieuse et violemment antinomiste) ouvertement révélée par Judas, un résumé de la Vérité ou de la gnose parfaite et supérieure qu'il était censé posséder par la vertu d'une révélation (Irénée, *I* 31.1 ; Épiphane, *Pan.* 38.1.5 ; Philastre, *Haer.* 34).

3. Datation : L'*Évangile de Judas* a bien sûr été composé avant 180, date à laquelle il est mentionné pour la première fois par Irénée dans *adv. Haer.* S'il s'agit bien d'une œuvre caïnite, et si cette secte – pour autant que ce fût un groupe gnostique indépendant – s'est bien constituée pour partie, comme cela a été parfois affirmé, en se fondant sur la doctrine de Marcion, cet apocryphe ne peut guère avoir été composé avant le milieu du IIe siècle. Pour autant, cette affirmation ne s'appuierait que sur des arguments ténus. Au mieux est-on amené à suggérer une date entre 130 et 170.

En réalité, on sait peu de choses de l'*Évangile de Judas*. En revanche, on connaît mieux la secte qui aurait produit ce texte, les Caïnites. Irénée les classe parmi les gnostiques et Épiphane les range dans la même catégorie que « les gens de Coré, Datân et Abiram », ce qui constitue un jugement de culpabilité par association. Mais au moins cela montre comment les premiers Pères de l'Église les considéraient.

Qu'avaient donc fait de si terrible Datân et Abiram ? La Bible nous conte l'histoire dans toute son horreur (*Nb* 16, 27-33) :

Ils s'écartèrent des alentours de la maison de Coré.

Datân et Abiram étaient sortis et se trouvaient à l'entrée de leurs tentes, avec leurs femmes, leurs fils et leurs jeunes enfants. Moïse dit : « À ceci vous saurez que c'est Yahvé qui m'a envoyé pour accomplir toutes ces œuvres, et que je ne les fais pas de mon propre chef : si ces gens meurent de mort naturelle, atteints par la sentence commune à tous les hommes, c'est que Yahvé ne m'a pas envoyé. Mais si Yahvé fait quelque chose d'inouï, si la terre ouvre sa bouche et les engloutit, eux et tout ce qui leur appartient, et qu'ils descendent vivants au shéol, vous saurez que ces gens ont rejeté Yahvé. »

Comme il achevait de prononcer toutes ces paroles, le sol se fendit sous leurs pieds, la terre ouvrit sa bouche et les engloutit, eux et leurs familles, ainsi que tous les hommes de Coré et tous ses biens.

Ils descendirent vivants au shéol, eux et tout ce qui leur appartenait. La terre les recouvrit et ils disparurent du milieu de l'assemblée.

L'histoire est à nouveau racontée lorsque vient le moment de recenser les enfants d'Israël sortis d'Égypte avec Moïse (*Nb* 26, 9-11) :

Les fils d'Éliab : Nemuel, Datân et Abiram. Ce sont Datân et Abiram, hommes considérés dans la communauté, qui se soulevèrent contre Moïse et Aaron ; ils étaient de la bande de Coré quand elle se souleva contre Yahvé. La terre ouvrit sa bouche et les engloutit (ainsi que Coré, lorsque périt cette bande), lorsque le feu consuma les deux cent cinquante hommes. Ils furent un signe. Les fils de Coré ne périrent pas.

Et lorsque le *Deutéronome* rappelle ce que Dieu a fait pour le peuple élu, l'épisode est répété une nouvelle fois (*Dt* 11, 2, 6-7) :

C'est vous qui avez fait l'expérience et non vos fils. Eux n'ont pas eu l'expérience et n'ont pas perçu les leçons de Yahvé votre Dieu, sa grandeur, sa main forte et son bras étendu [...], *ce qu'il a fait à Datân et à Abiram, les fils d'Éliab le Rubénite, quand la terre ouvrit sa bouche et les engloutit au milieu de tout Israël, avec leurs familles, leurs tentes et tous les gens qui les suivaient. Ce sont vos yeux à vous qui ont vu cette grande œuvre de Yahvé.*

Le Psaume 106 rappelle à son tour (*Ps* 106, 7 ; 16-18) :

Nos pères en Égypte
n'ont pas compris les merveilles.

Ils n'eurent pas souvenir de ton grand amour,
ils bravèrent le Très-Haut à la mer des Joncs [...]

Ils jalousèrent Moïse dans le camp,
Aaron le saint de Yahvé.

La terre s'ouvre, elle avale Datân
et recouvre la bande d'Abiram ;
un feu s'allume contre leur bande,
une flamme embrase les renégats.

Que reprochait-on à ces personnes ? Simplement d'avoir voulu accéder à la fonction sacerdotale dans le temple dévolue à la famille d'Aaron. Était-ce si grave ? Est-ce seulement notre sensibilité moderne qui s'offusque lorsque Dieu se félicite que deux cent cinquante enfants d'Israël « soient descendus vivants en enfer », « avec leurs femmes, leurs enfants et leurs tout-petits » ? N'est-ce pas un détail propre à offusquer les lecteurs des temps anciens, voire à les inciter à s'interroger sur la bonté et l'amour de leur Dieu ? Mais prenez garde... je suis peut-être en train de tenter de vous convertir au gnosticisme, voire à la doctrine caïnite !

Aujourd'hui comme à l'époque, il suffit pour douter de considérer la terrible rudesse du monde qui nous entoure, au point qu'il paraît difficile de croire que les malheureux Adam et Ève puissent être responsables de tant de malheur. Dieu seul peut avoir créé un tel monde, sinon dès l'origine, du moins en guise de punition terrible envers les descendants du premier couple.

Histoire d'une création gnostique

Ce qui conduit à cette question : le forfait commis par Adam et Ève était-il si terrible qu'il justifie qu'on les rende responsables de tout le mal qui existe dans le monde ? Glissons-nous dans la peau d'un être doué de pensée (c'est-à-dire un « gnostique ») et penchons-nous sur l'histoire de la chute d'Adam et Ève, telle qu'elle est exposée dans la *Genèse*[IV] :

Il est écrit dans la Loi : « Du fruit de l'arbre qui est au milieu du jardin, Dieu a dit : Vous n'en mangerez pas, vous n'y toucherez pas, sous peine de mort. » Mais le serpent, le plus rusé des animaux du paradis, persuada Ève de contrevenir à cet ordre en lui disant : « Le jour où vous en mangerez, vos yeux s'ouvriront et vous serez comme des dieux. » Ève se laissa tenter ; elle tendit la main, « prit de son fruit et mangea. Elle en donna aussi à son mari, qui était avec elle, et il mangea. Alors leurs yeux à tous deux s'ouvrirent et ils connurent qu'ils étaient nus ; ils prirent des feuilles de figuier et se firent des pagnes ».

Mais le soir, Dieu vint se promener dans le jardin d'Éden « et l'homme et la femme se cachèrent [...] *parmi les arbres du jardin. Yahvé Dieu appela l'homme : "Où es-tu ?" dit-il. "J'ai entendu ton pas dans le jardin, répondit l'homme ; j'ai eu peur parce que je suis nu et je me suis caché." Dieu comprit alors qu'il avait mangé de l'arbre dont il lui avait interdit les fruits.*

« Il reprit : "Et qui t'a appris que tu étais nu ?" [...] *L'homme répondit : "C'est la femme que tu as mise auprès de moi"* [...]. *Yahvé Dieu dit à la femme : "Qu'as-tu fait*

là ?" Et la femme répondit : "C'est le serpent qui m'a séduite, et j'ai mangé." » Dieu maudit alors le serpent. [...]

« Puis Yahvé Dieu dit : "Voilà que l'homme est devenu comme l'un de nous, pour connaître le bien et le mal ! Qu'il n'étende pas maintenant la main, ne cueille aussi de l'arbre de vie, n'en mange et ne vive pour toujours !" » Et Dieu chasse Adam et Ève du jardin d'Éden.

Quelle sorte de Dieu est-ce donc là ? D'abord, il défend à Adam de manger à l'arbre de la connaissance. Ensuite, il lui demande : « Où es-tu ? » Dieu n'a pas le don de prescience : sinon, n'aurait-il pas su à l'avance ce qui se produirait ? Il se révèle pingre et méchant. Quelle sorte de Dieu est-ce donc là ?

Grand est l'aveuglement de ceux qui lisent de telles choses sans comprendre Dieu. Il a pourtant dit : « Je suis le Dieu jaloux ; je ferai porter les péchés des pères sur les enfants jusqu'à la troisième et la quatrième génération. » Il dit aussi : « J'endurcirai leur cœur et j'aveuglerai leur esprit, de sorte qu'ils ne puissent pas comprendre ni connaître les choses qui sont dites. » Et il s'agit de propos qu'il adresse à ceux qui croient en lui et qui l'adorent !

Un gnostique demandera : « Êtes-vous aveugles, vous aussi ? Ne savez-vous pas que votre Dieu est un Dieu jaloux, qui endurcit votre cœur et aveugle votre esprit, afin que vous ne compreniez pas les choses ? Ne voyez-vous donc pas que ce Dieu n'est pas si intelligent que cela, puisqu'il ne sait même pas où Adam se trouve ? Et puis, quel mal y a-t-il à vouloir voir ? Quel mal y a-t-il à ce qu'Adam devienne "comme l'un de nous", un être divin semblable à Dieu ? En quoi serait-il si répréhensible de manger de l'arbre de vie et de vivre pour toujours ? Êtes-vous vraiment opposés à l'immortalité de l'âme ? Quelle sorte de Dieu vénérez-vous là, ce Dieu "pingre et méchant" ? Un Dieu aussi malveillant devrait certainement expliquer pourquoi le monde qu'il a créé est si affreux. »

Est-ce là vraiment le mot de la fin ? N'existe-t-il aucun espoir, nulle part ? Même là-haut dans les cieux (car le même Dieu mauvais qui a créé la terre a aussi créé les cieux), ou au-delà des cieux ? Un quelconque Dieu bon, aimant, que la Bible ne connaît pas ? Un Dieu caché qui s'est révélé, en de rares occasions, à des êtres qui ont su résister au Dieu mauvais, qui ont donc été punis par lui, et dont les Écritures dictées par ce même Dieu mauvais racontent pis que pendre ?

Caïn le calomnié

Nul dans les Écritures ne traîne une réputation plus détestable que Caïn...

L'homme connut Ève, sa femme ; elle conçut et enfanta Caïn et elle dit : « J'ai acquis un homme de par Yahvé. » Elle donna aussi le jour à Abel, frère de Caïn. Or Abel devint pasteur de petit bétail et Caïn cultivait le sol. Le temps passa et il advint que Caïn présenta des produits du sol en offrande à Yahvé, et qu'Abel, de son côté, offrit des premiers-nés de son troupeau, et même de leur graisse. Or Yahvé agréa Abel et son offrande. Mais il n'agréa pas Caïn et son offrande, et Caïn en fut très irrité et eut le visage abattu.

> *Yahvé dit à Caïn : « Pourquoi es-tu irrité et pourquoi ton visage est-il abattu ? Si tu es bien disposé, ne relèveras-tu pas la tête ? Mais si tu n'es pas bien disposé, le péché n'est-il pas à la porte, une bête tapie qui te convoite, pourras-tu la dominer ? » Cependant Caïn dit à son frère Abel : « Allons dehors », et, comme ils étaient en pleine campagne, Caïn se jeta sur son frère Abel et le tua.*
>
> *Yahvé dit à Caïn : « Où est ton frère Abel ? » Il répondit : « Je ne sais pas. Suis-je le gardien de mon frère ? » Yahvé reprit : « Qu'as-tu fait ! Écoute le sang de ton frère crier vers moi du sol ! Maintenant, sois maudit et chassé du sol fertile qui a ouvert la bouche pour recevoir de ta main le sang de ton frère. Si tu cultives le sol, il ne te donnera plus son produit : tu seras un errant parcourant la terre. » Alors Caïn dit à Yahvé : « Ma peine est trop lourde à porter. Vois ! Tu me bannis aujourd'hui du sol fertile, je devrai me cacher loin de ta face et je serai un errant parcourant la terre : mais, le premier venu me tuera ! » Yahvé lui répondit : « Aussi bien, si quelqu'un tue Caïn, on le vengera sept fois » et Yahvé mit un signe sur Caïn, afin que le premier venu ne le frappât point.* (*Gn* 4, 1-15.)

Quelle sorte de Dieu rejette dès l'aube de l'Histoire l'offrande du cultivateur, même si celui-ci lui sacrifie tout ce qu'il a produit ? Peut-être Caïn a-t-il réagi trop brutalement, mais Dieu ne s'est-il pas lui aussi montré trop brutal en faisant de Caïn un fugitif condamné à errer à la surface de la terre, privé du droit de cultiver la terre ? Imaginez un peu une vie entière d'errance avec « la marque de Caïn », quel qu'ait pu être ce signe ?

Le sort de Caïn, puni trop sévèrement par un Dieu

vengeur, préfigure celui des habitants de Coré, de Datân et d'Abiram, sanctionnés avec leurs familles simplement pour avoir aspiré à jouer un rôle plus important dans le service du temple. Leur châtiment sera terrible, tandis que leurs opposants, Moïse et son frère Aaron, conservent le pouvoir. Mais l'histoire s'achève-t-elle vraiment ainsi ? Les Caïnites ont fort bien pu garder l'espoir, puisque après tout, « les fils de Coré ne sont pas morts » !

Et les gnostiques auraient pu dire : « Nous qui sommes dans la connaissance, qui pensons par nous-mêmes et voyons au-delà de l'imposture, avons été éclairés par un Dieu Caché infiniment lointain, un Dieu sans rapport avec le système impitoyable qui régit le monde dans le tourment et la souffrance. Ce Dieu Caché nous libère ; il ne nous réduit pas en esclavage ! »

Mais si l'on considère sous cet angle nouveau non seulement les Écritures hébraïques mais aussi les Écritures chrétiennes, qui donc célébrera-t-on comme le héros calomnié, maudit pour avoir accompli le seul acte louable, à savoir faire en sorte que la prophétie s'accomplisse, que la volonté de Dieu soit faite, que Jésus soit obéi et donc l'humanité sauvée ? Judas, bien sûr ! Peut-être devra-t-on alors remplacer les Évangiles de Matthieu, Marc, Luc et Jean par... l'*Évangile de Judas* !

Voyons cela...

Comment fabriquer un livre en papyrus

Nous savons que l'*Évangile de Judas* appartient à un ancien codex en papyrus. Les *Codices* (pluriel de codex) *de Nag Hammadi* sont à cet égard très semblables : les deux découvertes ont eu lieu en haute et moyenne Égypte, il s'agit dans le deux cas de codices en papyrus des IIIe et IVe siècles contenant des traductions en copte de traités rédigés à l'origine en grec. Comme j'ai travaillé des années durant à la restauration et à la publication par l'Unesco des *Codices de Nag Hammadi*[V], je connais bien le genre de recueil qui renferme l'*Évangile de Judas*[VI]. Je puis par exemple vous expliquer comment les livres en papyrus étaient fabriqués au cours de l'Antiquité, aussi bien l'original en grec datant du IIe siècle que sa traduction en copte du IIIe ou du IVe siècle, qui vient d'être retrouvé.

Dans l'Antiquité, les papyrus poussaient dans les eaux peu profondes du Nil. On taillait puis épluchait leur longue tige avant d'en découper le cœur en fines bandes, que l'on posait ensuite verticalement l'une à côté de l'autre sur une surface plane, puis on appliquait une deuxième couche horizontalement. Après quoi, ces deux couches étaient pressées ensemble jusqu'à ce que le jus du cœur de la plante forme une sorte de colle qui les maintenait ensemble. On écrivait sur le matériau ainsi obtenu. Ces panneaux de papyrus pouvaient atteindre une longueur de 1,80 m, si j'en juge d'après les *Codices de Nag Hammadi* sur lesquels j'ai travaillé. Il suffisait de coller une nouvelle bande de papyrus à l'extrémité de la première, avec un chevauchement d'environ 1,2 cm, et ainsi de suite, pour obtenir la longueur désirée.

À l'époque, on écrivait sur la surface aux fibres horizontales, dans le sens de celles-ci, afin que la plume n'accroche pas. Après avoir rempli une colonne de largeur approximativement équivalente à celle d'une colonne d'un livre moderne, on laissait un espace d'environ 2,5 cm, puis venait une nouvelle colonne, etc. On roulait ensuite le papyrus sur lui-même dans le sens de la longueur avec la surface écrite vers l'intérieur, pour la protéger. Voilà ce qu'était un rouleau de papyrus !

Pour identifier les rouleaux, on inscrivait du côté de l'extrémité visible quelques mots ou une phrase dans le sens des fibres. On s'inspirait en général du résumé inséré dans le corps du texte, au début et/ou à la fin de l'ouvrage. Ainsi naquirent les premiers titres. Ils n'étaient sans doute pas choisis par l'auteur lui-même, mais plutôt par le copiste ou la personne qui avait besoin de distinguer les rouleaux les uns des autres.

À l'aube du christianisme, on utilisait déjà ces supports depuis plusieurs millénaires. Mais ils étaient encombrants et peu pratiques : il fallait enrouler ou dérouler des mètres de papyrus dès que l'on voulait interrompre ou reprendre sa lecture. Malgré la résistance du matériau, ces manipulations finissaient par les abîmer.

Vers le début de notre ère, les écoliers de Rome utilisaient des « cahiers » archaïques faits de deux minces planchettes de bois enduites de cire que l'on repliait l'une contre l'autre. L'écolier écrivait sur la cire, puis il la grattait pour recommencer ; il pouvait répéter plusieurs fois l'opération. Chaque soir, on enduisait les « feuilles » de cire neuve. Enfant, j'avais une petite ardoise et une craie que j'utilisais tout à fait de la même façon !

Puis l'on s'avisa de remplacer les plaques de cire par des feuilles de papyrus que l'on attachait l'une à l'autre avant de les fixer sur les planchettes faisant office de couverture, de sorte qu'elles ne tombent pas. Ces planchettes laissèrent bientôt la place à des couvertures en cuir, les liasses de papyrus devinrent cahiers, et l'on obtint quelque chose qui ressemblait à nos livres modernes avec des pages que l'on pouvait tourner. On appelait ces recueils codices (au singulier, codex), ce qui signifiait « poignée », pour désigner des livres que l'on pouvait tenir à la main par opposition aux longues feuilles d'antan qu'il fallait dérouler des deux mains sur une table.

En outre, tandis qu'un rouleau devait être relativement court pour ne pas être trop difficile à dérouler, un codex pouvait contenir un texte plus long. Et on pouvait le laisser ouvert au milieu et reprendre sa lecture là où on l'avait laissée, surtout depuis que l'on avait pris l'habitude de numéroter les pages. Petit à petit, les livres composés pour le format réduit d'un rouleau furent recopiés dans des codices ; on pouvait regrouper plusieurs rouleaux dans un seul codex.

Voilà comment les « livres » saints purent être rassemblés en un seul livre, la Bible, bien qu'ils aient été à l'origine rédigés sur différents rouleaux (support que les Juifs continuent encore à privilégier pour leurs Écritures). C'est aussi de là que nous est restée l'habitude de parler du « Livre de la Genèse » ou du « Livre de l'Exode » : à l'origine, chacun d'eux représentait un ouvrage à part entière. Dans le cas des *Codices de Nag Hammadi*, on utilise le terme « traité » pour désigner les anciennes divisions du texte.

L'exemplaire récemment redécouvert de l'*Évangile de Judas* ne fait pas exception à la règle puisqu'il fait partie d'un codex comportant au moins deux autres textes, dont des copies figurent d'ailleurs dans les *Codices de Nag Hammadi*. Ce qui correspond à la description d'Épiphane, qui parle à son sujet d'une « œuvre brève ».

On reportait la phrase utilisée pour identifier le rouleau original dans le codex regroupant plusieurs « livres » ou traités. Copiée au début et/ou à la fin du texte et mise en valeur par un espace vide et une ligne de chevrons décoratifs, elle servait de titre. On distingue des chevrons de ce type sur la photographie placée en vis-à-vis de la première page de la préface de cet ouvrage, à l'extrémité de la dernière ligne du texte de l'*Évangile de Judas*, ainsi que dans la ligne qui aurait pu rester vide entre la fin du texte et le titre final.

Les « évangiles » et leurs « auteurs »

Comme l'auteur du livre n'était d'ordinaire pas celui qui écrivait la référence à l'extérieur du rouleau ou bien le titre mis en valeur au début et/ou à la fin du traité dans un codex, il existe souvent un léger décalage entre les deux. C'est le cas notamment pour les quatre Évangiles du Nouveau Testament : leurs titres nous informent qu'il s'agit des Évangiles de Matthieu, Marc, Luc et Jean, mais les auteurs de ces quatre traités sont tous anonymes. L'*Évangile de Jean* (*Jn* 21, 24) indique que le disciple bien-aimé a écrit ce traité, ce qui incite à penser que c'est bien Jean qui l'a écrit... jusqu'au moment où l'on se rend compte que le disciple bien-aimé n'est jamais désigné sous le nom de Jean. En fait, Jean n'est jamais cité dans l'*Évangile de Jean* !

Il y a plusieurs raisons pour lesquelles un évangile a été attribué à tel ou tel apôtre. L'appel de Lévi, le publicain, dans *Mc* 2, 13-17, devient l'appel de Matthieu le publicain dans *Mt* 9, 9-13 ; de ce fait, dans la liste des Douze, de Matthieu, l'apôtre « Matthieu » (*Mc* 3, 18) devient « Matthieu le publicain » (*Mt* 10, 3). Peut-être s'agit-il là d'un indice placé par la personne qui a rédigé cet évangile, qu'il fût ou non le publicain Lévi/Matthieu. De toute façon, on a considéré que c'était une raison suffisante pour attribuer cet évangile à Matthieu. Mais ni dans cet évangile ni dans les autres, il n'est dit que tel ou tel évangéliste en a été l'auteur. On pense plutôt, à l'heure actuelle, que les communautés chrétiennes ont donné à l'évangile qu'elles utilisaient le nom de l'évangéliste dont elles se réclamait pour leur apostolat. On ne savait de toute façon déjà plus, depuis longtemps, qui avait composé le texte original.

Il en va de même pour le mot « évangile », que nous associons immédiatement au Nouveau Testament, et qui signifie « bonne nouvelle ». Paul oppose bien sa bonne nouvelle aux fausses bonnes nouvelles de ses adversaires, qu'il ne faut pas croire, même si elles viennent des anges (*Ga* 1, 6-10), mais il ne se réfère pas pour autant à un livre intitulé « évangile » que lui ou d'autres auraient écrit. D'ailleurs, à l'époque de Paul, aucun des évangiles n'avait encore été rédigé !

Le mot « évangile » figure dès le premier verset de l'*Évangile de Marc.* Il ne dit pourtant pas que le livre qui va suivre est un évangile, mais plutôt qu'il rapporte la bonne nouvelle (ou la bonne parole). Dans certaines traductions plus récentes de la Bible, on a d'ailleurs remplacé la locution « commencement de l'Évangile de Jésus-Christ » par « commencement de la bonne nouvelle de Jésus-Christ ». Le livre de Marc annonce la bonne nouvelle que le christianisme représente. Il ne fait guère de doute que ce choix de traduction du premier verset de l'évangile le plus ancien influença les copistes des siècles qui suivirent – et non les évangélistes eux-mêmes.

Le fait que le début des autres évangiles du Nouveau Testament n'utilise pas ce terme montre qu'il ne leur venait pas naturellement à l'esprit. Matthieu commence ainsi (*Mt* 1, 1) : « Livre de la genèse de Jésus-Christ ». Luc fonde ce qu'il écrit sur les textes de ceux qui « ont entrepris de composer un récit » (*Lc* 1, 1) et qui ont été « témoins oculaires et serviteurs de la Parole » (*Lc* 1, 2). Et au début des *Actes des Apôtres*, Luc se réfère à son premier volume, que nous appelons l'*Évangile de Luc*, comme au « Premier livre », littéralement « le premier mot », sa façon de dire « Tome Un ». Le prologue de l'*Évangile de Jean* s'ouvre par « Au commencement était le Verbe » (*Jn* 1, 1). Ainsi, en introduisant leurs textes, c'est au message qu'ils pensent. Ils ignoraient qu'ils créaient un genre littéraire, le genre « évangile ».

Si le terme caractérise les quatre textes retenus pour le Nouveau Testament, d'autres textes auraient pu bénéficier d'un intitulé et d'une autorité identiques. Mais l'examen des textes non canoniques également qualifiés d'« évangiles » montre que leurs auteurs non plus ne les ont pas baptisés ainsi.

Prenons l'exemple des quatre « évangiles » extérieurs au Nouveau Testament que l'on trouve dans les *Codices de Nag Hammadi*. Le plus connu est sans conteste l'*Évangile de Thomas*, qui figure presque intact, à la fois en traduction copte dans un codex en papyrus du milieu du IVe siècle (Codex II de Nag Hammadi, Traité 2) et en grec dans trois vestiges très fragmentaires datant du IIIe siècle (Papyrus Oxyrhynchus I, 654 et 655). Dans un essai intitulé *Judas der Held*[VII] (*Judas le héros*), Ralph Pöhner écrit assez justement :

> *Ce dialogue entre Jésus et Thomas revêt une grande importance pour l'histoire des religions : certains chercheurs le surnomment « le Cinquième Évangile » et il est possible qu'on y trouve le texte original sur lequel se fondent les Évangiles officiels.*

Bien que l'*Évangile de Thomas* soit moins un dialogue qu'un recueil de cent quatorze aphorismes attribués à Jésus, c'est incontestablement une découverte majeure, et sans aucun doute l'« évangile » le plus important hors du Nouveau Testament. Il est fort possible qu'on y trouve des citations plus anciennes que celles reproduites à l'identique dans les évangiles canoniques, et en ce sens, plus proches de Jésus lui-même. D'ailleurs, j'ai moi-même développé cette thèse.

L'aphorisme 36 renferme ainsi un fragment de texte plus ancien que celui du Nouveau Testament. Dans la parabole bien connue des corbeaux et des lys qui démontrent leur confiance en Dieu par le fait qu'ils ne travaillent pas (*Q* 12, 22-31), la première occurrence des lys qui ne travaillent pas est... « ils croissent »... ce qui est plutôt inattendu ! Mais dans l'*Évangile de Thomas*, à l'aphorisme 36, on lit (dans l'original grec, P. Oxy. 655) : « Ils ne cardent pas. » Or il s'agissait là du principal travail des femmes de l'époque. La différence d'orthographe est minime. Il semble probable qu'ici ce soit l'*Évangile de Thomas* qui offre le texte correct, et le Nouveau Testament le texte altéré. J'ai publié sept articles sur ce seul point[VIII].

Autre exemple, la parabole de la vigne, qui dans le Nouveau Testament (*Mc* 12, 1-12) comporte une allégorie secondaire, alors que l'*Évangile de Thomas*, aphorisme 65, présente la forme originale, avant toute élaboration allégorique.

Mais dans l'*Évangile de Thomas*, il existe aussi des paroles qui semblent présupposer les Évangiles du Nouveau Testament, comme l'aphorisme 16, dans lequel le chiffre de cinq personnes en désaccord dans la maison rappelle *Lc* 12, 52-53, bien que Luc lui-même ait probablement fait un ajout tardif aux paroles de l'*Évangile Q*[IX]. L'opinion savante, de nos jours, est que l'*Évangile de Thomas* rassemble des matériaux plus anciens que les évangilcs canoniques, et d'autres plus récents.

L'appellation de « cinquième évangile » pour l'*Évangile de Thomas*, que Pöhner rapporte avec une approbation manifeste, est en fait le titre d'un livre que j'ai publié (bien que l'idée originale ne provînt pas de moi), qui contenait une nouvelle traduction de ce texte et un essai rédigé à l'occasion du cinquantième anniversaire de sa découverte[X]. Mais ce n'est sûrement pas ainsi que l'auteur ou le collecteur originel de ces cent quatorze paroles attribuées à Jésus aurait appelé son recueil.

Pöhner fait également figurer l'*Évangile de Marie* (Marie-Madeleine) au nombre des évangiles non canoniques. Il s'agit d'un apocryphe très important, qui date du IIe siècle, et qui tient une place de choix dans le panthéon du mouvement féministe moderne. L'auteur de ce dialogue gnostique classique fait référence au prêche d'un « *Évangile du Royaume* », mais également aux *paroles* de Jésus et à une *vision*, de sorte qu'on ne sait pas très bien s'il a lui-même choisi le titre d'*Évangile de Marie*, ou si celui-ci a été rajouté ultérieurement. Il se trouve que j'ai été le premier à faire paraître une traduction anglaise de l'*Évangile de Marie* dans *The Nag Hammadi Library in English*[XI]. Ce texte ne figure pas dans les *Codices de Nag Hammadi*, mais on le trouve dans un codex gnostique similaire, le Papyrus Berolinensis 8502. J'ai pourtant pensé qu'il convenait de l'inclure dans les *Codices de Nag Hammadi*, notamment parce qu'il était depuis longtemps disponible en allemand, mais pas encore en anglais.

Si je mentionne de tels détails, ce n'est pas pour attirer l'attention sur mes travaux, mais pour souligner que ma critique de Pöhner ne relève pas du préjugé traditionaliste qui veut qu'on se limite à l'étude des seuls évangiles canoniques. Je redoute au contraire que les recherches menées aujourd'hui sur les évangiles non canoniques ne soit discréditées par ceux qui utilisent leurs résultats sans rigueur, comme le fait Pöhner.

L'*Évangile de Thomas* tire son nom du titre apposé à la fin du traité. Mais à la différence des évangiles canoniques, ce texte ne relate pas l'histoire de Jésus ; il se limite à rapporter ses paroles. Ce qui a conduit les spécialistes à distinguer entre les évangiles narratifs, qui racontent l'histoire de Jésus (ceux de Matthieu, Marc, Luc et Jean) et les évangiles qui transmettent seulement les « dits » de Jésus (comme la source utilisée par Matthieu et Luc, appelée *Q*, ou l'*Évangile de Thomas*).

Chacun des cent quatorze aphorismes attribués à Jésus de l'*Évangile de Thomas* est introduit par l'annonce stéréotypée « Jésus dit... » Le mot « évangile » n'apparaît nulle part ! Il s'agit de paroles, de dires, d'enseignements du Christ, termes qui traduisent tous le même mot copte ou grec. Au début des Évangiles de Luc et de Jean, on trouve par exemple les termes « parole » et « verbe ».

L'aphorisme 21 de l'*Évangile de Thomas* est ainsi rédigé :

> *Si vous devenez mes disciples et que vous écoutez mes enseignements, ces pierres vous seront utiles.*

Et l'aphorisme 43 :

Vous avez maintes fois désiré entendre les paroles que je vous dis à présent, mais vous n'avez eu personne d'autre pour vous les énoncer.

L'*Évangile de Thomas* s'ouvre par ces mots : « Voici les paroles cachées que Jésus le Vivant a prononcées. » Le terme « paroles » figure d'ailleurs dans le premier aphorisme :

Celui qui parvient à l'interprétation de ces paroles ne goûtera point la mort !

Il est clair que l'auteur de ces aphorismes ou celui qui les a rassemblés pensait préparer un recueil de « paroles » de Jésus, pas un « évangile ».

L'aphorisme qui a valu à cet évangile d'être attribué à Thomas porte le numéro 13 :

Jésus dit à ses disciples : « Comparez-moi et dites-moi à qui je suis semblable. »

Simon-Pierre lui dit : « Tu es semblable à un ange juste. »

Matthieu lui dit : « Tu es semblable à un homme philosophe et très sage. »

Thomas lui dit : « Maître, ma bouche n'est pas en mesure de dire à qui tu es semblable. »

Jésus dit : « Je ne suis point ton maître ; car tu as bu : tu t'es enivré de la source bouillonnante que j'ai répandue. »

Puis il le prit et s'écarta : il lui dit trois phrases.

Et, lorsque Thomas revint vers ses compagnons, ils le questionnèrent : « Qu'est-ce que Jésus t'a dit ? »

Thomas leur répondit : « Si je vous dis une seule des paroles qu'il m'a dites, vous prendrez des pierres et me les jetterez, et un feu sortira des pierres et vous consumera ! »

Conformément à la prééminence ainsi donnée à Thomas, son évangile commence ainsi :

Voici les paroles cachées que Jésus le Vivant a prononcées et que Didyme Jude Thomas a transcrites.

Le tout premier aphorisme présente les paroles de Jésus comme réellement propres à apporter le salut :

Celui qui parvient à l'interprétation de ces paroles ne goûtera point la mort.

Au vu de tout ce qui précède, il est clair que l'auteur ou le compilateur originel ne considérait pas ce texte comme un évangile, et l'aurait plutôt qualifié de « recueil de paroles ». Mais dans l'espoir de le voir élevé par l'Église émergente au même rang que les Évangiles, lesquels commençaient à acquérir leur statut canonique, ce recueil de paroles de Jésus a été a posteriori intitulé *Évangile de Thomas.*

Il en va de même pour un autre traité de Nag Hammadi, l'*Évangile de Philippe.* Là encore, en dépit de son titre, l'ouvrage ne raconte pas l'histoire de Jésus, telle qu'elle est rapportée dans les Évangiles du Nouveau Testament. Son propos est différent, même s'il se réfère de temps à autre à une parole ou à une action de Jésus. On n'y trouve jamais le terme d'évangile. Mais une des paroles attribuées à Philippe pourrait expliquer pourquoi ce texte porte son nom[XII] :

> *L'apôtre Philippe racontait que Joseph le charpentier planta un jardin parce qu'il avait besoin de bois pour son métier. C'est lui qui fit la croix avec les arbres qu'il avait plantés, et le fruit de sa semence fut pendu à ce qu'il avait planté. Le fruit de sa semence était Jésus et la plante fut la croix.*

D'ordinaire, un traité de Nag Hammadi possède un titre séparé du corps du texte, en haut au début ou à la fin, entouré d'un espace vierge et de chevrons décoratifs, comme décrit précédemment. Ici, le titre *Évangile selon Philippe* est coincé à la fin de la dernière ligne du texte ; on peut donc penser qu'il a été rajouté par la suite, comme à la réflexion, par le copiste du Codex II de Nag Hammadi. Apparemment, ce n'était pas le titre envisagé par l'auteur anonyme de ce traité.

Le cas de l'*Évangile des Égyptiens* est similaire. Le traité annonce[XIII] : « Le livre sacré des Égyptiens sur le grand et invisible Esprit. » Et il se conclut par un titre en bas de la dernière page[XIV] : « Le livre sacré des Égyptiens sur le grand et invisible Esprit. Amen. » Mais le scribe du Codex III de Nag Hammadi a inséré une note juste avant le titre final[XV] :

> *L'Évangile des Égyptiens. Le livre secret, sacré, écrit par Dieu. La grâce, la compréhension, la perception, la prudence soient avec celui qui l'a écrit, Eugnostos l'aimé dans l'Esprit*

> *– en chair, mon nom est Gongessos – et mes compagnons de lumière dans l'incorruptibilité. Jésus-Christ, Fils de Dieu Sauveur,* ICHTHUS. *Écrit par Dieu est ce livre sacré du grand et invisible Esprit. Amen.*

Le Codex III fut le premier à rejoindre le musée Copte du Caire qui exposa, ravi, la page 69 qui porte le titre *L'Évangile des Égyptiens* clairement lisible. Depuis lors, ce titre plutôt secondaire est resté attaché à ce traité ! Mais pas plus que les autres son auteur n'entendait écrire un évangile, et son texte ne porte ni sur l'histoire ni sur les paroles de Jésus. On y trouve le mythe gnostique d'une secte qui vénérait Seth, le troisième fils né d'Adam et Ève après le bannissement de Caïn pour le meurtre de son frère Abel (*Gn* 4, 25-26).

Le quatrième « évangile » des *Codices de Nag Hammadi* est l'*Évangile de Vérité*, bien connu depuis que l'institut Jung de Zurich a rebaptisé le codex dont il fait partie « Codex Jung », en l'honneur de son fondateur, le psychanalyste Carl Jung, lequel affirmait que l'*Évangile de Vérité* prenait tout son sens à la lumière de ses théories psychanalytiques. On donna à ce traité, dépourvu de titre dans le Codex I de Nag Hammadi, le nom d'*Évangile de Vérité* en raison du texte de la première ligne[XVI] :

> *L'Évangile de la Vérité est une joie pour ceux qui ont reçu du Père de la Vérité la grâce de le connaître.*

Apparemment, Irénée fait déjà allusion à ce traité, faisant valoir que dans le début du texte l'affirmation qu'il s'agit là du véritable évangile revient à dénigrer les évangiles canoniques. « Évangile de Vérité » n'est évidemment pas le titre du traité, mais seulement l'adresse inaugurale et tonitruante que l'auteur utilise pour faire savoir que ce traité est le véritable évangile par opposition aux évangiles orthodoxes qui proclament faussement leur véracité.

On peut donc conclure que le titre d'évangile n'a été donné à aucun des quatre évangiles canoniques, pas plus qu'aux quatre « évangiles » de Nag Hammadi. Les deux branches de l'Église, celle qui tendait vers ce que l'on nomme aujourd'hui l'orthodoxie, et celle qui dérivait vers ce que l'on nomme aujourd'hui l'hérésie, appelaient leurs textes « évangiles » dans le cadre de la concurrence qui les opposait.

L'« Évangile » de « Judas » ?

L'*Évangile de Judas* fut composé après les évangiles canoniques et à peu près en même temps que les textes de Nag Hammadi. Il ne fait aucun doute que comme pour ces derniers, le titre d'évangile a été utilisé pour faire pièce aux évangiles canoniques, qui avaient popularisé le terme. Nous pouvons en déduire que non seulement l'*Évangile de Judas* n'a pas été écrit par Judas – qui était mort depuis plus d'un siècle – mais aussi que ce n'est pas à proprement parler un évangile, à savoir un recueil d'histoires et/ou de paroles de Jésus. Les quatre évangiles des *Codices de Nag Hammadi* nous ont montré que l'on accolait parfois, parce que la tradition s'en est établie, ce titre honorifique à des œuvres qu'aujourd'hui on ne songerait jamais à appeler « évangiles ». L'*Évangile de Judas* nous en apprendra probablement beaucoup plus sur le gnosticisme du IIe siècle que sur le ministère public de Jésus, sur ses paroles ou sur la Semaine sainte.

Comment Judas a-t-il été perçu au début de notre ère entre le Nouveau Testament, qui le présentait comme celui qui avait livré Jésus aux autorités juives, et l'*Évangile de Judas*, qui s'efforçait de le réhabiliter ? Dans l'Antiquité, se suicider avec son épée lorsque son chef était assassiné était considéré comme une mort honorable. N'aurait-on pu considérer le suicide de Judas après la crucifixion de Jésus sous cet angle ?

Apparemment, c'est saint Augustin qui, le premier, a décrété que le suicide de Judas était au contraire un péché [XVII]. Écoutons la façon dont il nous en parle[XVIII] :

> *Il ne méritait pas la pitié ; et c'est pourquoi nulle lumière n'a brillé dans son cœur pour qu'il accoure demander pardon à celui qu'il avait trahi.*

En somme, quoi que l'on puisse penser de l'attitude de Judas livrant Jésus aux autorités juives, qu'il l'ait fait pour accomplir le dessein salvateur de Dieu ou bien qu'il eût trahi son ami, son suicide ne peut lui être pardonné !

La générosité du monachisme chrétien primitif envers Judas s'est bornée à suggérer que Jésus lui avait pardonné mais lui avait ordonné de se purifier en accomplissant des « exercices spirituels » dans le désert, semblables à ceux que les moines pratiquaient.

Au VIIe siècle, le commentateur de la Bible Théophylacte estime que Judas ne s'attendait pas à une issue dramatique en organisant une rencontre entre Jésus et les autorités juives, et que, désespéré par ce qui s'était passé, il avait choisi le suicide pour « atteindre l'Hadès avant Jésus et ainsi implorer et gagner son Salut[XIX] ».

Certains disent que Judas, qui était cupide, pensait gagner de l'argent en trahissant le Christ, mais que celui-ci ne serait pas tué et parviendrait à échapper aux Juifs comme il l'avait déjà fait si souvent. Mais en le voyant condamné à mort, ce à quoi il ne s'attendait pas, il se serait repenti. Ainsi, il se pendit pour gagner l'Hadès avant Jésus, implorer et gagner son Salut. Il est bien connu, cependant, que lorsqu'il se passa la corde au cou et se pendit à un arbre, cet arbre plia et il ne mourut pas tout de suite, parce que c'était la volonté de Dieu qu'il vive pour se repentir ou pour subir la honte et le déshonneur publics. On dit aussi qu'en raison de son hydropisie, il ne pouvait passer par un endroit ou une charrette passait facilement ; il tomba alors la tête la première et éclata en morceaux, c'est-à-dire que son ventre se déchira, comme Luc le rapporte dans les *Actes des Apôtres*.

En 1391, à l'occasion d'un sermon, un prédicateur dominicain du nom de Vinzenz Ferrer offrit une explication semblable pour le suicide de Judas : son âme se serait « [*précipitée*] vers Jésus sur le mont du Calvaire » pour demander pardon, et celui-ci lui aurait été accordé[XX].

Après la crucifixion, Judas, qui avait trahi et vendu le Maître, fut envahi par un sentiment d'authentique remords salvateur, et essaya de toutes ses forces de s'approcher du Christ pour lui demander pardon. Mais comme Jésus était accompagné par une foule nombreuse sur le chemin du Calvaire, il lui fut impossible de l'approcher, alors il se dit : « Puisque je ne peux me rendre aux pieds du Maître, je l'approcherai au moins en esprit et lui demanderai humblement pardon. » C'est donc ce qu'il fit : il prit une corde et se pendit, et son âme se précipita vers le Christ au Calvaire, demanda pardon et le Christ le lui accorda ; il s'en fut au ciel avec lui et ainsi son âme jouit du Salut avec tous les élus.

Pourtant, l'antisémitisme qui régnait au Moyen Âge exploita sans vergogne le personnage de Judas, traître par excellence, dépeint comme une caricature de Juif, avec des traits exagérés, un gros nez crochu, les cheveux roux et, bien entendu, mû par l'appât du gain.

William Klassen a relevé les sources auxquelles s'est abreuvée la terrible représentation de Judas au cours de cette phase d'obscurantisme[XXI]. Il cite tout d'abord le *Carmen Paschale*, écrit par Sedulius un peu avant 431 :

Il est très vraisemblable que Sedulius porte plus que tout autre la responsabilité de l'image négative de Judas auprès des gens cultivés, notamment chez les théologiens et au sein du clergé. « Tout au long du Moyen Âge on le [le *Carmen Paschale*] *faisait lire dans les écoles et il a fourni une source d'inspiration pour les épopées bibliques rédigées en latin et en langue vernaculaire jusqu'au* XVII*e* *siècle... Des siècles durant,*

*les lecteurs européens l'ont considéré comme une valeur sûre »,
écrit un spécialiste moderne de ces épopées.*

Sedulius ne fait preuve d'aucune modération envers Judas. Il lui consacre son plus long développement littéraire et les imprécations qu'il déverse sur lui, pour lesquelles il n'existe nul précédent biblique, ont forgé un cadre de référence repris par les écrivains ultérieurs.

Parmi les autres influences funestes relevées par Klassen, il convient de citer la *Legenda Aurea*, la *Légende dorée* :

La Legenda Aurea, *recueil d'histoires apocryphes initialement rassemblées par le dominicain Jacques de Voragine (1230-1298), a abondamment circulé aux* XIVe *et* XVe *siècles et même au-delà. Cette* Legenda Aurea *a joué auprès du peuple le même rôle que le* Carmen Paschale *auprès des gens cultivés. « Elle a enveloppé toute la vie intellectuelle au Moyen Âge » et, d'après un auteur, demeure le principal ouvrage édifiant en Occident.*

En 1991, Klassen découvrit par hasard les sermons d'Abraham Santa Clara (en fait l'Autrichien Hans-Ulrich Megerle, 1644-1709), le plus éloquent prédicateur de son époque. Publié pour la première fois entre 1686 et 1695, son ouvrage diffamant *Judas* porte le titre de *Ertz-Schelm*, qu'on pourrait traduire par « La Bave première ». Ses œuvres complètes en vingt et un volumes ont été publiées entre 1834 et 1954, mais il existe aussi une édition abrégée en six volumes

(1904-1907), et ses écrits ont été traduits en plusieurs langues. Voici ce qu'en dit Klassen :

> *Presque tous les dimanches, pendant dix ans, il a prêché à son sujet, ou plutôt contre lui. En guise d'avertissement à ses fidèles, Santa Clara proclamait que la mère de Judas avait trop parlé ; ses ouailles étaient invitées à ne pas subir le même sort, de peur d'élever un nouveau Judas !*
>
> *Les derniers sermons de cette interminable série consistent en une malédiction de toutes les parties anatomiques de Judas, depuis ses cheveux roux jusqu'à ses orteils.*

Dans sa *Divine Comédie*, Dante Alighieri (1265-1321) relègue Judas dans le cercle le plus profond de son Enfer (le neuvième), où sa tête sera éternellement dévorée par un monstre à trois têtes. Nul doute qu'il n'y retrouve les autres Caïnites : Coré, Datân et Abiram « avec leurs femmes, leurs enfants et leurs nouveau-nés ». Ceux d'entre vous qui ne peuvent s'empêcher d'éprouver quelque compassion pour ces Caïnites seront sidérés par l'évidente satisfaction avec laquelle Dante et tant d'autres ont accueilli tout cela. En revanche, ceux d'entre vous qui ont été plus sidérés encore de voir comment les Caïnites ont retourné la Bible, de façon à transformer en bons les méchants, ceux-là ne pourront s'empêcher d'éprouver quelque sympathie pour la présentation de Dante. Et c'est cette dernière version qui a largement prévalu jusqu'à une époque relativement récente.

La traduction anglaise de la Bible, dite du roi Jacques, est en partie responsable de cet état de fait. Le roi

Jacques Ier d'Angleterre commanda en effet une nouvelle traduction, dite « Version autorisée », qui parut en 1611 et a largement contribué depuis lors à la compréhension de la Bible dans le monde anglophone. Et la « trahison » de Judas est profondément enracinée dans cette traduction comme dans celles qui ont suivi. Cependant, notamment depuis le siècle des Lumières, une vision plus favorable à Judas a fini par apparaître. Voyons ce qu'en dit Roger Thiede[XXII] :

> *Cependant, l'histoire des références à Judas nous enseigne que le « superfripon », l'ancêtre cupide de tous les indicateurs et de tous les espions, a toujours trouvé des défenseurs révisionnistes : des poètes comme Klopstock et Goethe, des écrivains comme Walter Jens. Des théologiens modernes comme l'Américain William Klassen ou l'Allemand Hans-Josef Klauck, ont consacré de volumineuses monographies au Judas du Nouveau Testament.*
>
> *Le magazine* Bild *s'est même fait l'écho de la thèse selon laquelle « Judas n'a pas trahi le Christ ». Cet acquittement se fonde en particulier sur la signification du verbe* paradidomi *en grec ancien. Dans la plupart des traductions de la Bible, ce terme est transcrit par « trahir », alors que d'un point de vue philologique il serait plus correct de le traduire par « livrer » ou « donner ».*

Malgré tout, comme le souligne Thiede, Judas conserve sa détestable réputation :

> *De telles subtilités n'ont pourtant rien changé au fait qu'au vu d'une tradition vieille de deux mille ans, le nom du perfide*

compagnon de table de Jésus continue d'évoquer la pire des fourberies.

Lorsqu'un joueur de football ingrat, au zénith de sa carrière, change d'équipe dans le dos de ses partenaires habituels, ses supporteurs déçus brament le nom de Judas. Et lorsque, la semaine dernière, un parlementaire de l'assemblée de Kiel a torpillé la réélection du Premier ministre SPD Simonis en s'abstenant secrètement, il s'est vu rapidement affublé du sobriquet biblique.

Mais Thiede souligne également un changement d'attitude récent. Il légende ainsi une image de Caïn tuant Abel[XXIII] :

Une protestation contre le Bien : le meurtre d'Abel par son frère Caïn a constamment amené les lecteurs de la Bible à flirter dangereusement avec le mal. L'influence distante du gnosticisme se fait sentir jusque dans la littérature moderne.

À propos de l'*Évangile de Judas*, il cite ensuite deux romantiques du XIXe siècle, le romancier juif allemand Hermann Hesse et le poète français Charles Baudelaire. À la suite du sous-titre « Traîtres et meurtriers de leurs frères », on trouve la phrase suivante, en exergue : « La secte des Caïnites citée par Irénée, l'un des Pères de l'Église, a-t-elle réellement existé ? En tout cas, elle a exercé une influence dans la littérature. » Il remarque que le *Demian* de Hermann Hesse a « repris le thème de Caïn » :

Le roman Demian *est paru en 1919, sous le pseudonyme d'Emil Sinclair. En réalité, son auteur se nommait Hermann Hesse. Son livre raconte l'histoire d'un lycéen qui découvre que l'on peut aussi considérer Caïn sous un angle différent. « C'est le signe qui sert de point de départ au livre. Un homme, là-bas, avait sur le visage un signe qui éveillait la peur* [...]. *Quelqu'un, alors, a expliqué ce signe non comme ce qu'il était, un trait distinctif, mais plutôt de façon contraire. Pour lui, ceux qui possédaient ce signe étaient étranges, ce qui semblait indéniable. Car les gens courageux, au caractère bien trempé, semblent souvent très mystérieux. La vie a toujours été difficile pour ceux qui sont étranges et courageux, alors on utilise leur nom comme quolibet, on invente des légendes à leur sujet pour se venger de toute la peur qu'on a éprouvée. »*

Il évoque également Baudelaire et ses *Fleurs du Mal.*

Ah ! race d'Abel, ta charogne
Engraissera le sol fumant !

Race de Caïn, ta besogne
N'est pas faite suffisamment ;

Race d'Abel, voici ta honte :
Le fer est vaincu par l'épieu !

Race de Caïn, au ciel je monte
Et sur la terre jette Dieu !

Le souhait de Baudelaire se réalisera-t-il grâce à l'*Évangile de Judas* ?

En fait, le changement d'attitude envers Judas est également attesté par les diverses versions romancées de cet évangile si longtemps disparu qui ont paru au cours du siècle passé. En 1973, le romancier polonais Henryk Panas[XXIV] a publié *L'Évangile de Judas.* L'écrivain irlandais Michael Dickinson a écrit en 1994 *Le Testament perdu de Judas Iscariote*, présenté comme un mémoire en défense rédigé par Judas lui-même à l'intention de Pierre[XXV]. Le meilleur ouvrage du genre date de 1929. Dans son *Évangile de Judas*, Ernest Sutherland Bates dépeint son héros comme un Essénien qui rejette toujours le Dieu des Écritures hébraïques, ce qui aurait reflété le point de vue initial de Jésus[XXVI]. Hugh S. Pyper, de son côté, a recensé cette littérature de façon très critique en 2001. Il voit en elle un symptôme de la désaffection envers le christianisme traditionnel et ses textes canoniques en nombre strictement limité, à présent que les *Manuscrits de la mer Morte* et les *Codices de Nag Hammadi* ont considérablement élargi l'accès au corpus des textes juifs et chrétiens de l'époque[XXVII].

Bien que cela puisse nous sembler nouveau et stimulant, il apparaît que la tentative de comprendre la trahison de Judas, de lui accorder le bénéfice du doute et peut-être de le racheter, procède d'une longue tradition, solidement établie.

– 4 –

L'ÉVANGILE DE JUDAS REFAIT SURFACE À GENÈVE

Pendant des siècles, personne n'a vu l'*Évangile de Judas*, puisque l'Église officielle avait réussi à le supprimer. Mais Rodolphe Kasser vient tout juste de lever le voile sur ce secret en annonçant aux spécialistes que le manuscrit avait reparu, et qu'il était du reste, lui Kasser, en train de le traduire[I] :

Le 1er juillet 2004, à 11 h 30, le monde finit par en apprendre un peu plus. À Paris, dans l'auditorium d'un institut de recherches situé à deux pas de la Seine, Kasser, le Nestor philologique, monte à la tribune du huitième Congrès international d'études coptes, et prononce une allocution de vingt minutes attendue de longue date, portant sur un sujet à première vue inoffensif, intitulée « Un nouvel apocryphe copte ».

Il devient clair au bout de quelques phrases que Kasser s'apprête à saluer la découverte du document en question comme une « résurrection rarissime et extraordinaire ». Il s'agirait d'une œuvre qui a fait sensation au IIe *siècle après Jésus-Christ, avant de disparaître presque complètement. Oui, c'est bien de cela qu'il s'agit : un exemplaire de l'écrit le plus condamné de toute l'Antiquité – l'*Évangile de Judas, *un texte dont l'existence est attestée pour la première fois par l'Église aux environs de l'an 180 sous la plume d'Irénée de Lyon.*

L'annonce faite par Kasser à Paris ce 1er juillet 2004 a donné lieu en Allemagne à des articles un peu trop sensationnels, destinés à un public de non-spécialistes. Il y eut d'abord celui de Ralph Pöhner dans le magazine suisse *Facts*[II]. Vint ensuite le dossier de Roger Thiede annoncé en couverture de *Focus*, l'équivalent allemand de *Facts*[III]. Puis Malcolm Macalister Hall publia un exposé en anglais consacré aux attaques lancées sur Internet par un propriétaire de l'*Évangile de Judas*, Mario Jean Roberty, et par un vendeur d'objets anciens du nom de Michel van Rijn[IV]. Pöhner et Hall, pour préparer leurs papiers respectifs, m'avaient interviewé au téléphone depuis Zurich et Londres, mais il semble que mes réponses n'étaient pas destinées à avoir un grand effet sur leurs écrits. En réalité, ces essais journalistiques tentaient pour la première fois de présenter les faits à un large public ; il en est résulté des textes très divertissants, mais fort peu éclairants – des produits dérivés des commentaires à sensations cités plus haut.

L'article de Pöhner s'intitule « Judas le Héros » ; et il va à la conclusion dès les premières lignes :

Il est presque aussi ancien que les Évangiles du Salut *contenus dans le Nouveau Testament – et il présente une vision entièrement différente de la trahison de Jésus.* L'Évangile de Judas *avait disparu pendant des siècles. Cet écrit des débuts du christianisme reparaît aujourd'hui. Et c'est en Suisse que ça se passe.*

Pönher, pour insister sur l'importance du document retrouvé, cite des spécialistes effectivement concernés. Ludwig Koenen, professeur de langues anciennes à l'université du Michigan, affirmant s'exprimer ès qualités, déclare que l'authenticité du manuscrit « ne fait aucun doute ». Steve Emmel est mentionné aussi. Il est professeur de langue copte à l'université de Münster. Il juge que le document présente « un intérêt extraordinaire ». Un écrit « d'une très, très grande valeur », confirme pour sa part Peter Nagel, professeur d'histoire ecclésiastique à l'université de Bonn. Charles Hedrick, professeur émérite d'études religieuses à l'université de l'État du Missouri, dit enfin : « Ça crée toujours une excitation, quand quelqu'un découvre un évangile perdu. Celui-ci va nous aider à enrichir encore l'étincelant tableau du christianisme du IIe siècle. »

En effet, les spécialistes estiment que l'*Évangile de Judas* fut écrit plus d'un siècle après la mort de Jésus. Comme nous l'avons vu, on peut lire dans l'édition standard des évangiles apocryphes :

Datation : L'Évangile de Judas *fut bien évidemment composé avant 180, date à laquelle il est cité pour la première fois sous la plume d'Irénée dans* Adv. Haer... *(Contre les Hérésies). Mais s'il s'agit d'un écrit caïnite, et si cette secte – à supposer qu'elle ait été un mouvement gnostique indépen-*

dant – s'est constituée en partie sous l'influence des écrits de Marcion – comme on a pu l'affirmer parfois –, alors il peut difficilement avoir été composé avant le milieu du IIe siècle. Cependant, les arguments à l'appui de cette hypothèse sont fragiles. Aussi inclinons-nous à opter pour une date située quelque part entre 130 et 170.

En tout cas l'*Évangile de Judas* eut tôt fait de disparaître après cette date. Pour ne reparaître qu'en 1983. De toutes les universités américaines, l'université du Michigan est celle qui possède la tradition la mieux établie en matière de publication et d'acquisition de manuscrits sur papyrus. En 1975, elle a encore renforcé cette réputation en s'adjoignant la collaboration d'un expert très distingué en la personne de Ludwig Koenen. Ce dernier a quitté l'université de Cologne, et son département de langues anciennes, pour venir dans le Michigan avec une étude de son cru concernant les moyens de retrouver et d'acheter des manuscrits sur papyrus. Koenen est connu pour son travail sur le Codex manichéen de Cologne, un codex miniature contenant une biographie de Mani, le penseur perse du IIIe siècle fondateur de la religion dualiste connue sous le nom de manichéisme. Ce minuscule ouvrage est aujourd'hui le joyau de la collection de papyrus de l'université de Cologne. Il est si petit qu'il est à peine lisible à l'œil nu. Et en vérité il ne devait guère être lu. Ce n'était pas vraiment le genre de livre que l'on range sur une étagère, mais plutôt un objet servant d'amulette et de porte-bonheur.

Koenen possédant à l'intérieur et à l'extérieur de l'Égypte d'excellents contacts pour acheter des manuscrits, ce n'est pas un hasard si c'est lui qui fut invité à se rendre à Genève pour rencontrer deux marchands qui avaient d'importants manuscrits à vendre. Le premier de ces marchands était un Copte originaire d'Égypte, et l'autre un Grec d'Athènes. Koenen avait reçu des photos d'assez mauvaise qualité pour interdire une publication non autorisée, mais suffisamment nettes, toutefois, pour indiquer qu'il s'agissait d'un manuscrit important. Il parvint à identifier un écrit mathématique grec, et c'est ce document qui l'intéressa au départ. Il y avait aussi le *Livre de l'Exode* en grec, un texte qui intéressait son collègue et spécialiste de l'Ancien Testament David Noel Friedman. Koenen et Friedman décidèrent de faire le voyage de Genève et de négocier l'achat. Mais un troisième manuscrit figurait dans la collection, rédigé en copte celui-là, qu'aucun des deux spécialistes ne pouvait lire, et qu'ils ne souhaitaient pas acheter.

Koenen savait que je travaillais sur les manuscrits coptes, en tant que représentant américain au Comité international des *Codices de Nag Hammadi*. Il m'approcha pour essayer de savoir si j'avais envie de participer à une négociation destinée à l'achat des documents de Genève (et de mettre la main à la poche, le cas échéant). Il devait s'envoler pour Genève en mai 1983. Il projetait de rencontrer les vendeurs. Il espérait conclure un accord.

À cette date, je n'étais pas libre de me rendre à Genève. Et quant à l'institut de l'Antiquité et du Christianisme dont j'étais le directeur, il ne disposait pas des fonds nécessaires pour acquérir ce manuscrit, si tentant fût-il. Cependant je me mobilisai autant que le permettaient les circonstances. J'avais formé une équipe de jeunes chercheurs américains pour l'édition des *Codices de Nag Hammadi* ; je décidai de leur lancer un appel urgent et de les inviter à réfléchir à ce qu'ils pouvaient faire.

Le seul en mesure de m'offrir son assistance fut Harold W. Attridge, de l'université Méthodiste du Sud. Harry avait reçu le grade de « *junior fellow* » à Harvard, la distinction la plus élevée qu'un étudiant diplômé puisse obtenir là-bas. Son premier poste d'enseignant l'avait conduit à Dallas, au Texas, à l'école de théologie de Perkins, qui dépendait de l'université Méthodiste. Par la suite, il devait déménager à l'université de Notre-Dame, dans l'Indiana, et en devenir le doyen. Il occupe maintenant à Yale le poste de doyen de la Divinity School.

Harry s'adressa à l'école de théologie de Perkins et obtint une promesse de mise de fonds de la part de la bibliothèque Bridwell. Deckerd Turner, alors conservateur de cet établissement, acceptait de mobiliser pour l'occasion la totalité de son budget annuel, soit 50 000 dollars. Aux dires de Harry, Mr. Turner « disposait d'une ligne budgétaire pour l'acquisition de livres rares et caractéristiques ayant trait à la théologie », et il était « ravi de participer à cet effort pour l'achat des codices ». Harry me fit savoir très rapidement que cette somme pouvait être consacrée à l'aventure genevoise[V].

Des années plus tard, à Yale, il aurait les manuscrits sous les yeux.

Je n'avais pas de quoi financer un voyage de la Californie à Genève pour m'assurer de la valeur du manuscrit et en négocier éventuellement l'achat. Mais je pouvais du moins payer le voyage d'un de mes anciens étudiants, Stephen Emmel, qui était à Rome à ce moment-là, où il effectuait des recherches avec Tito Orlandi, le meilleur coptologue d'Italie. Ce serait un déplacement court, donc moins onéreux. Je persuadai Steve d'aller me représenter à Genève.

Steve s'était pris de passion pour le gnosticisme à l'université, en un temps où les campus étaient imprégnés de la culture qui se développait autour de l'opposition à la guerre du Vietnam. Comme nombre d'étudiants de cette époque, il savait parfaitement ce qu'était un « trip » céleste. Mais il devait décider en fin de compte que « penser était encore la meilleure façon de voyager ». Il rencontra le gnosticisme en 1970 dans un cours d'introduction à l'étude du judaïsme et du christianisme, avant d'être séduit par *La Religion gnostique* de Hans Jonas[VI]. Ce livre devait même prendre pour lui une signification existentielle ; il se passionna dès lors pour la mythologie complexe du gnosticisme, et pour ces gnostiques qui fuyaient le mauvais monde d'ici-bas afin de s'envoler vers l'inconnu, les hauteurs célestes et le royaume de Dieu.

Steve n'aurait pour rien au monde laissé échapper l'occasion de rencontrer ces anciens « *hippies* » dont les secrets figuraient dans les codices point encore publiés de Nag Hammadi. Mais laissons Steve s'exprimer lui-même :

J'ai découvert l'histoire copte pendant mes études à l'université de Syracuse, aux États-Unis. C'était au début des années 1970. Je m'intéressais à la philosophie et à la religion – toutes les philosophies et toutes les religions –, en somme aux diverses approches des hommes pour chercher la vérité et tenter de comprendre la signification de la vie. En assistant à un cours d'introduction à l'étude du judaïsme et du christianisme, j'ai découvert la gnose ancienne, ou gnosticisme. Et j'ai appris que la plupart des sources dont nous disposions pour étudier le gnosticisme étaient écrites en copte. Les sources les plus importantes figurent dans les Codices de Nag Hammadi, *des manuscrits sur papyrus rédigés en copte. J'avais tellement envie de les lire que j'ai appris la langue copte. En 1974, je suis allé au Caire travailler sur ces manuscrits au musée Copte avec mon professeur d'université, James M. Robinson.*

Steve s'était aperçu que j'étais au centre de tous les efforts déployés en Amérique pour briser le monopole d'accès à ces manuscrits. Aussi avait-il choisi d'étudier avec moi. J'étais alors sur le point de prendre une année sabbatique et de partir pour Le Caire, où je travaillerais sur les codices en rassemblant les fragments de manuscrits de sorte que les textes puissent être photographiés et publiés. C'était le moyen que j'avais trouvé pour arriver à en libéraliser l'accès. Steve s'accrocha à mes basques, et finit par devenir... le meilleur conservateur de papyrus du monde ! Il resta au Caire longtemps après la fin de mon congé sabbatique, et acheva de reconstituer les feuillets des manuscrits[VII]. Il y séjournait encore lorsque j'eus besoin de lui pour organiser à distance le premier Congrès international de coptologie, et fonder l'Association internationale d'études coptes.

Steve a fait une brillante carrière. Il est devenu le titulaire de la seule chaire d'études coptes au monde – celle de l'université de Münster. L'Institut d'égyptologie et de coptologie, où il travaille, abrite le secrétariat de l'Association internationale d'études coptes qu'il m'a aidé à créer. Il en publie la *Newsletter* et contribue tous les quatre ans à l'organisation de nos congrès. Il s'est tout particulièrement impliqué dans le dernier en date, qui se tint à Paris en 2004, et au cours duquel la découverte de l'*Évangile de Judas* fut annoncée.

Koenen et Friedman prirent donc l'avion à Ann Arbor, et Steve un train depuis Rome. Le 15 mai 1983, à Genève, ils rencontrèrent dans une chambre d'hôtel un Égyptien copte qui ne parlait pas l'anglais, et un Grec d'Athènes, John Perdios, qui, lui, parlait anglais et servit d'interprète.

Perdios avait grandi dans la société cosmopolite du Caire. Mais après la révolution qui avait déposé le roi Farouk et débouché sur un régime socialiste, la plupart des colonies étrangères qui prospéraient en Égypte quittèrent le pays. Perdios vivait désormais à Athènes, mais il était resté en contact avec son ami copte – les deux hommes avaient été à l'école ensemble au Caire. Perdios jouait apparemment le rôle d'intermédiaire pour le compte du propriétaire du manuscrit.

Steve est revenu récemment sur le déroulement de cette rencontre[VIII] :

*C'était en 1983. Je ne savais pas encore que je vivais les prémices de l'aventure de l'*Évangile de Judas. *Le codex contenait trois écrits. Je pus identifier sur place le deuxième. J'ai aussi vu le troisième, un dialogue entre Jésus et les disciples. J'ai même lu le nom de Judas. Mais je n'ai pas vu le titre « Évangile de Judas ».*

Quand on lui demanda pourquoi, il répondit :

Les conditions n'étaient pas bonnes. L'examen se déroulait dans un hôtel. On ne nous accordait finalement que la moitié du temps prévu. Il était interdit de prendre des photos et des notes. Les feuilles du papyrus semblaient très fragiles. J'ai seulement pu jeter un coup d'œil ici et là.

Les propos de Steve furent cités beaucoup plus longuement par le journaliste Malcolm Macalister Hall[IX] :

« On nous a accordé à peu près une demi-heure, dit Emmel, pour examiner le contenu de trois banales boîtes à chaussures : des papyrus enveloppés dans du papier journal. Nous n'étions pas autorisés à prendre des photos. Ni même des notes. Les gens qui étaient en possession de ces documents ne savaient absolument pas de quoi il s'agissait. Tout ce qu'ils savaient, c'était qu'ils avaient de la valeur – et ils voulaient gagner autant d'argent que possible. »

Le paquet contenait un traité mathématique, ainsi que le *Livre de l'Exode* – ces deux écrits étaient en grec.

Emmel vit que les manuscrits en copte – un volume unique, relié de cuir, dont la quatrième de couverture était manquante – comprenaient la *Première Apocalypse de Jacques* et la *Lettre de Pierre à Philippe.* (Ces deux derniers textes étaient déjà connus des spécialistes car ils figuraient dans une vaste collection de manuscrits anciens découverts dans les années 1940 en Égypte, appelée « Bibliothèque de Nag Hammadi ».) Mais il y avait encore un autre manuscrit. Il s'agissait d'un dialogue entre Jésus et ses disciples. Emmel vit le nom de Judas, mais le papyrus était en si mauvais état – il commençait à s'effriter – qu'il lui fut impossible ne serait-ce que d'en soulever légèrement les pages avec sa pince de philatéliste. Impossible donc de voir aucun titre. Sa conclusion fut néanmoins qu'ils avaient affaire à un écrit inconnu, unique, de littérature gnostique – et cette conclusion devait se révéler juste.

Pour Emmel, ce rendez-vous avait un parfum d'espionnage, et le soupçon lui vint que les papyrus pouvaient avoir passé la frontière illégalement. « Tout indiquait que ces gens-là ne travaillaient pas vraiment au grand jour », dit-il. Et il ajoute : « Je crois qu'il n'y avait pas de doute sur le fait que les documents ne pouvaient venir que d'Égypte. » Il reçut un choc quand on lui annonça leur prix de vente.

« Ils demandaient 3 millions de dollars – et ils précisaient qu'ils avaient beaucoup baissé leurs exigences puisqu'ils étaient partis de 10 millions. J'ignore si c'était la vérité – je pense que c'était une façon de nous laisser entendre qu'à 3 millions on faisait une affaire. D'autre part, ça ne les intéressait pas

de vendre les articles séparément. Et mon budget de l'université Méthodiste était en tout et pour tout de 50 000 dollars ! Nous étions sidérés par le prix réclamé. »

Emmel raconte que le professeur Ludwig Koenen – qui représentait en l'occurrence le parti des langues anciennes – est allé négocier dans la salle de bain avec l'Égyptien. « Quand ils sont sortis, se souvient Emmel, j'ai su tout de suite que ce n'était pas bon, vu la tête que faisait Koenen. » N'ayant pas l'autorisation de prendre des notes, il avait mis cet intermède à profit pour essayer de mémoriser les détails des textes qu'il avait vus. Après l'échec de la transaction, les deux camps partagèrent un déjeuner d'adieu. Pendant le repas, Emmel s'excusa et alla dans les toilettes noter rapidement sur des bouts de papier tout ce qu'il avait retenu. Il ne devait plus revoir les manuscrits...

Pour lui, cette affaire n'est qu'un désastre de plus dans l'histoire de la coptologie. « On a l'habitude », dit-il, résigné. Et il poursuit : « En règle générale, les manuscrits coptes n'ont pas bien survécu. Rien d'inhabituel, donc, mais c'est triste quand même. Car si les spécialistes avaient pu ce jour-là sortir les papyrus de leurs boîtes à chaussures, nous aurions aujourd'hui à notre disposition un codex très bien conservé, au lieu d'une collection de fragments qu'il sera peut-être impossible de restaurer. »

Le journaliste néerlandais, Henk Schutten, cita lui aussi en détail le récit de Steve[X].

La rencontre était entourée de précautions extrêmes. Il était évident que les manuscrits avaient été sortis d'Égypte clandestinement. De toute façon, les questions sur l'origine des documents n'étaient guère appréciées.

Les vendeurs n'était pas des experts. Ils pensaient être en possession de trois manuscrits, alors qu'il y en avait quatre. Un bref examen nous a appris que les documents dataient du IVe *ou* V^e^ *siècle environ. Deux manuscrits étaient en grec : une traduction du* Livre de l'Exode *et un essai mathématique. Ils étaient rangés dans des boîtes différentes, et c'était la même chose pour quelques lettres du disciple Paul, également en copte (une langue de l'ancienne Égypte).*

Ils tenaient ensemble grâce à une bande de cuir dont les bords devaient être intacts au moment de la découverte. Les gens qui détenaient les manuscrits depuis n'en avaient guère pris soin. Seules subsistaient la moitié de la sangle de cuir et une partie de ce qui était probablement la couverture du livre. Les pages étaient trouées, déchirées.

Les pages étaient numérotées jusqu'à soixante, alors que la plupart des codices en papyrus en comptent au moins deux fois plus. Je me suis dit qu'il devait manquer la moitié du manuscrit.

Interrogé sur ce qu'il a pensé en voyant le nom de Judas, Steve répond[XI] :

Le nom n'était pas un élément décisif. Comme toute personne au fait du sujet, j'ai supposé qu'il devait être en rapport avec l'homonyme de Judas Iscariote, le disciple Judas Didyme Thomas. Ce dernier apparaît fréquemment dans les évangiles apocryphes, plus souvent que Judas Iscariote. C'est aussi de

> *lui que parle l'*Évangile de Thomas. *Si j'avais pu voir le titre qui figure à la fin du manuscrit, j'aurais compris tout de suite qu'il s'agissait de Judas Iscariote, évidemment. Surtout avec la phrase finale, juste au-dessus de ce titre : « Judas a pris l'argent et l'a livré. »*

Le prix de vente était de 3 millions de dollars, une somme qui dépassait de loin les moyens des acheteurs, naturellement. Perdios me raconterait un jour que Friedman l'avait pris à part pour le prier de demander au propriétaire d'enlever un zéro. Il est clair que dans un marchandage en plein bazar, personne ne s'attend à devoir payer le prix initial : il est toujours négocié à la baisse, jusqu'à ce que les deux parties tombent d'accord. Tel est le monde dans lequel le vendeur avait vécu toute sa vie, et qu'il comprenait parfaitement. Cependant, une contre-proposition à 10 % du prix demandé équivalait à une insulte, puisqu'elle laissait entendre soit que le vendeur ignorait la valeur de sa marchandise, soit qu'il cherchait à tondre son client. C'est pourquoi la négociation fut interrompue avant même d'avoir commencé. De toute façon, elle avait fort peu de chances d'aboutir dans la mesure où 10 % de la somme demandée représentaient encore une somme que les acheteurs ne pouvaient mettre sur la table. En fait, on a dit que Steve aurait eu cette phrase : « Dix pour cent, on aurait peut-être pu les trouver[XII]. » En tout cas les trois codex ne furent pas achetés, et les acquéreurs potentiels s'en retournèrent les mains vides.

Ou presque les mains vides ! Car Steve s'était peu impliqué dans le marchandage proprement dit. Il avait concentré son attention sur les feuillets du codex en copte. En définitive, il avait réussi à les examiner d'assez près pour être en mesure de décider, en se fiant principalement à leurs dimensions, qu'ils représentaient les restes de deux codices. Cette découverte fut cachée aux vendeurs. En effet, ils avaient apparemment fixé le prix de leur collection en se basant sur un million par texte. Et les acheteurs ne tenaient vraiment pas à le voir grimper soudainement jusqu'à 4 millions de dollars !

Cet échec n'empêcha pas vendeurs et acheteurs de se retrouver autour de la même table pour déjeuner. C'est le moment que choisit Steve pour s'éclipser aux toilettes et coucher par écrit ce que son œil aiguisé avait pu observer. Par la suite, il mit ses notes au propre dans un mémoire confidentiel qu'il me fit parvenir, et que nous avons choisi alors de ne pas publier, de crainte qu'il ne parvienne à la connaissance des vendeurs, lesquels en auraient immédiatement profité pour faire monter encore leurs exigences. Mais son contenu peut aujourd'hui être rendu public, puisque la vente a finalement eu lieu – à un prix qui demeure inconnu, mais qui est sûrement beaucoup plus bas que le montant initialement demandé. En tout état de cause, garder le silence plus longtemps ne rapporterait rien à personne. On trouvera donc à la fin du présent chapitre le mémoire de Steve – un document inédit.

Steve avait identifié trois traités en langue copte, dont deux sont connus puisqu'il en existe des éditions réalisées à partir des *Codices de Nag Hammadi* : premièrement, une copie de la *Première Apocalypse de Jacques*, soit le Traité 4 du Codex V de Nag Hammadi[XIII] ; et deuxièmement, une copie de la *Lettre de Pierre à Philippe*, soit le Traité 2 du Codex VIII de Nag Hammadi. Il n'existait aucun moyen de savoir s'il y avait plus de trois traités. Il est évident que Steve ne pouvait pas se mettre à classer une liasse de papyrus aussi fragiles armé de sa simple pince de philatéliste. Il put seulement « jeter un coup d'œil ». Et ce détail est très important. Il indique en effet que les déclarations des journalistes concernant le nombre de pages achetées par la fondation Maecenas relèvent de la pure et simple spéculation. Car avant de pouvoir se prononcer sur le nombre de feuillets partiellement ou totalement sauvés, il faut commencer par les reconstituer à partir des fragments, et les conserver sous des plaques de verre.

Steve put seulement constater que le troisième traité du lot était un écrit inconnu, un dialogue entre Jésus et ses disciples (le dialogue étant un genre littéraire cher aux écrivains gnostiques) dans lequel apparaissait le nom de Judas. C'est ce document que nous appelons désormais l'*Évangile de Judas*. Mais Steve, sur le moment, n'identifia pas le Judas en question comme étant Judas Iscariote. Ainsi qu'il l'explique dans l'interview reproduite ci-dessus, il a supposé, et c'était parfaitement logique, qu'il s'agissait du Judas connu par ailleurs sous le nom de Didyme Judas Thomas, un personnage cité dans les *Codices de Nag Hammadi* comme étant l'auteur de deux des traités (II, 2 et 7) qu'il contient.

Le Codex II, Traité 2, est l'*Évangile de Thomas*, un écrit qui commence par ces mots :

> *Voici les paroles secrètes prononcées par Jésus vivant, et qu'a retranscrites Didyme Judas Thomas.*

Il semble que cet incipit fasse écho à celui du Traité 7 du Codex II de Nag Hammadi, intitulé *Livre de Thomas* :

> *Les paroles secrètes prononcées par le Sauveur devant Judas Thomas, et que j'ai retranscrites, moi Mathias, tout en marchant et en les écoutant parler ensemble. Et le Sauveur disait : « Frère Thomas, pendant ton séjour en ce monde, écoute-moi, et je te révélerai les choses sur lesquelles tu médites dans tes pensées. Maintenant qu'il a été dit que tu es mon frère jumeau et mon véritable compagnon, regarde-toi et apprends qui tu es, de quelle façon tu existes, et ce que tu deviendras. »*

Il s'agit manifestement d'un jeu de mots sur le nom « Didyme Judas Thomas » – ce nom sur lequel s'ouvre l'*Évangile de Thomas*. Le mot grec *Didymos* (Didyme) signifie « jumeau ». Et Thomas en est l'équivalent sémitique. Ainsi, deux traités des *Codices de Nag Hammadi* sont attribués à un auteur appelé Judas et surnommé « le Jumeau ».

Dans l'*Évangile de Jean* (2, 16 ; 20, 24 ; 21, 2), ce Judas est appelé simplement Thomas, accompagné de la mention « celui qu'on appelait le Jumeau » – c'est le mot grec *Didymos* qui est employé là. Il était considéré comme appartenant au premier cercle de Jésus, sans être identifié comme son propre frère, et sans que soit expliqué pourquoi on le surnommait « le Jumeau ». Ce Judas nous est connu sous le nom plus familier de « Thomas le Sceptique », celui qui a insisté pour toucher les blessures de Jésus avant d'accepter de croire qu'il s'agissait bien de l'homme qui avait été crucifié (*Jn* 20, 25 ; 27-28). Il était donc parfaitement normal que Steve attribue le traité à ce Judas également connu sous le nom de « Thomas le Sceptique » plutôt qu'à Judas Iscariote, le disciple qui a trahi Jésus.

Il faut regarder comme un élément important le fait que deux des trois traités de ce codex contenant l'*Évangile de Judas* sont des copies des traités de Nag Hammadi. Ce détail avait en effet toutes les chances d'induire en erreur ceux qui procédaient à l'examen, en les amenant à penser que ce nouveau codex faisait tout simplement partie de la découverte faite à Nag Hammadi en 1945. Mais ce n'était pas le cas. Et ceci pour nombre de raisons.

D'abord, ce serait se tromper sur la nature des manuscrits trouvés à Nag Hammadi. Quand on étudie les caractéristiques distinctives des papyrus, comme par exemple les couvertures de cuir, l'écriture des copistes, les différences entre les dialectes coptes utilisés pour la traduction des traités, on s'aperçoit qu'ils tendent à se répartir en quatre groupes. Or, si le codex comprenant l'*Évangile de Judas* avait fait partie des manuscrits de Nag Hammadi, il aurait fallu obligatoirement l'inclure – compte tenu de ses caractéristiques – dans un cinquième groupe – un groupe de documents qui auraient été agrégés dans un second temps aux *Codices de Nag Hammadi*.

Il existe un exemple de document copié des traités de Nag Hammadi, et appartenant à un codex dont nous savons qu'il ne fait pas partie de la découverte de Nag Hammadi. Il s'agit d'un écrit mis au jour il y a un siècle, et déposé à Berlin sous le nom de Papyrus Berolinensis 8502. Ce codex contient en effet des copies de deux traités de Nag Hammadi dont le plus célèbre est l'*Évangile de Marie*[XIV]. Ainsi l'existence de copies de traités ne signifie pas que les deux documents proviennent de la même découverte.

Ce que le public ne voit pas, c'est que des découvertes de manuscrits en langue copte surviennent assez régulièrement en Égypte depuis celle de Nag Hammadi ; or personne n'avait jamais suggéré que l'une ou l'autre pût appartenir à Nag Hammadi[XV]. Le fait que la découverte incluant l'*Évangile de Judas* comprenne aussi un écrit mathématique et une copie en grec des *Psaumes* – ainsi qu'une copie en copte des *Épîtres de Paul* – ne signifie pas que ce matériel appartient à la bibliothèque de Nag Hammadi.

Et pourtant l'idée selon laquelle l'*Évangile de Judas* appartiendrait aux manuscrits de Nag Hammadi est tenace. Qu'il me soit donc permis de tenter de mettre les choses au point une bonne fois pour toutes.

Stephen C. Carlson rapporte[XVI] :

Roger Pearse, du Tertullian Project, avait reconstitué l'histoire de la découverte de la bibliothèque de Nag Hammadi (« The Nag Hammadi discovery of manuscripts », *30 juillet 2003*)*. Sur un rapport possible avec l'Évangile de Judas, voir les informations en gras ci-dessous :*

Les livres furent répartis entre les sept chameliers. D'après Ali, ils [les manuscrits] *étaient au nombre de 13 (notre « codex XIII » ne faisait pas partie du lot puisqu'il était inclus dans le codex VI).* ***Ainsi un codex avait été égaré sur le site ou à proximité.*** *Sept lots avaient été ramenés à la surface. Les couvertures en avaient été enlevées. Chaque manuscrit consistait en un codex, plus une partie d'un autre ouvrage. Les autres chameliers ignoraient la valeur du lot, et ils craignaient les malédictions. Muhammad Ali refusa d'en prendre une partie et les remit tous ensemble.*

Carlson se sert de cette présentation des faits pour suggérer (voir les mots en gras) qu'il manquait un codex dans la collection de Nag Hammadi, résumant en le simplifiant à l'extrême un rapport rédigé de ma main en 1979, lequel tendait en fait vers une conclusion à l'opposé. Il me faut donc citer ma propre présentation des événements afin de rétablir la vérité[XVII] :

Muhammad Ali décida de répartir immédiatement les codices entre les sept chameliers présents. D'après les preuves dont nous disposons, seuls douze codices ont survécu. Celui qu'on appelle le Codex XIII compte huit feuillets seulement, arrachés du milieu du codex dans l'Antiquité, quand on a voulu séparer ce traité des autres pour le glisser sous la couverture du Codex VI. Ceux qui ont découvert le lot n'auraient certainement pas remarqué la présence de ces feuillets ; et ils les auraient encore moins considérés comme un codex séparé. Cela étant, quand on insistait, Muhammad Ali admettait que l'urne renfermait treize codices et non douze. Il est donc possible – même si ce n'est pas confirmé – qu'un codex frag-

mentaire ait été perdu sur la falaise. Étant donné qu'il n'y avait pas assez de codices pour que chacun des chameliers en reçoive deux, Muhammad Ali a préparé sept lots comprenant chacun un codex complet et une partie d'un autre. Il maintient que des couvertures ont été abandonnées sur la falaise, ce qui expliquerait, entre autres, l'absence de couverture du Codex XII. Les autres chameliers ignoraient la valeur des manuscrits. Ils avaient peur d'encourir une malédiction et craignaient aussi Muhammad Ali. Ils renoncèrent donc à leur part des documents. Muhammad Ali a alors fait un paquet avec tous les manuscrits, qu'il a enveloppé dans son turban blanc transformé pour l'occasion en sac qu'il a jeté sur son épaule. Il a détaché son chameau et il est rentré chez lui à Al-Qast. Là, les animaux étaient parqués dans la cour où se trouvait le grand four qui permettait de cuire le pain. Muhammad Ali a pris les codices, les feuillets volants et les fragments, et il a jeté le tout sur le sol, au milieu de la paille amassée pour allumer le feu. Umm Ahmad, sa mère, a reconnu avoir brûlé dans le four, en même temps que la paille, la plupart des papyrus déchirés et des couvertures abîmées, peut-être des morceaux des couvertures des codices XI et XII.

Des feuillets ont donc été séparés de leur couverture sur la falaise. Puis une partie du matériel a été brûlée dans le four. Dans une certaine mesure, ces faits peuvent être mis en rapport avec l'état des codices quand ils ont été pour la première fois examinés et décrits en détail. S'il existait un autre codex, il n'a pas été retrouvé, même partiellement. En effet, les fragments qui ont été déplacés soit paraissent être écrits de la même main que les codices ayant survécu, et peuvent donc être considérés comme en ayant fait partie originellement, soit sont trop petits, ou trop effacés pour fournir une base permettant de conjecturer l'existence d'autres codices.

Muhammad Ali m'avait entendu – moi et d'autres – parler de treize codices. C'est donc tout naturellement qu'il parlait lui aussi de treize documents, sans se souvenir de son propre décompte (pour autant qu'il en ait jamais fait un, dans la mesure où il était illettré). Sans doute ne faisait-il que nous répéter un chiffre dont il avait cru comprendre qu'il était « le bon ». Quoi qu'il en soit, on ne peut déduire de son récit de la découverte qu'un manuscrit aurait survécu pour resurgir une génération plus tard et révéler un codex inconnu comprenant l'*Évangile de Judas.* Au contraire, à l'entendre, rien n'est resté sur la falaise – et les manuscrits retrouvés qui n'ont pas fini dans le four de sa mère ont rejoint le musée Copte du Caire. Impossible donc d'imaginer que l'*Évangile de Judas* se trouvait dans un codex appartenant à la découverte de Nag Hammadi.

Henk Schutten a interrogé le plus célèbre expert hollandais de la bibliothèque Nag Hammadi, et c'est ce qui lui permet d'affirmer[XVIII] :

> [Gilles] *Quispel n'exclut pas que l'*Évangile de Judas *ait la même origine que les documents de Nag Hammadi.*

Quispel représentait les Pays-Bas au Comité international pour les *Codices de Nag Hammadi*, organisme dont il était aussi le secrétaire permanent. C'est lui qui vint en Belgique prendre possession du Codex I de Nag Hammadi au nom du Jung Institute de Zurich. Mais j'ai moi-même exploré ses archives. Il me les avait confiées à des fins de conservation. Et je puis dire que Quispel ne possédait pas d'information sur ce sujet précis. Il n'y a rien dans ses archives qui indique la moindre relation entre l'*Évangile de Judas* et les *Codices de Nag Hammadi.*

Ce qui n'empêche pas Schutten de citer Quispel :

> *« À en juger par son contenu, il s'agit clairement d'un écrit gnostique. On y trouve une référence à l'Allogène, également appelé Seth, le troisième fils d'Adam et Ève. Dans la gnose juive, Seth est regardé comme le sauveur. » On trouve des références à l'*Évangile de Judas *dans nombre de documents datant des premières années du christianisme, ajoute Quispel. Mais le manuscrit aurait été banni par l'Église, avant de disparaître de la surface de la Terre. Et il n'y a là rien d'étonnant, dit aussi Quispel, qui ajoute : « La gnose est la religion la plus persécutée du monde. Ses adeptes étaient mis à mort par l'Église catholique. Celui qui se trouvait en possession de ce manuscrit risquait de le payer de sa vie. » Les historiens des religions supposent que l'*Évangile de Judas *a été écrit durant la même période que les évangiles canoniques de Marc, Matthieu, Luc et Jean. Parce qu'il est rédigé en langue copte – le stade ultime de l'ancien égyptien –, on suppose qu'il s'agit d'une traduction du grec, à partir d'un texte original qui remonterait au* Ier *ou au* IIe *siècle. Cet évangile était-il de la main de Judas ? Quispel juge qu'il est difficile de répondre à cette question. « J'en doute fort, dit-il. Mais on ne peut pas complètement l'exclure. » Une conclusion évidente est que cet écrit vient d'une secte datant des débuts du christianisme, les Caïnites...*

Jusqu'au milieu du siècle dernier, nos connaissances du gnosticisme ancien se fondaient sur des documents de l'Église catholique, celle-là même qui l'avait combattu par le soufre et le feu. Les choses ont changé en 1945, quand des fermiers ont découvert à Nag Hammadi une urne contenant douze livres – ou codices – écrits sur des papyrus et réunis par une bande de cuir. Les Codices de Nag Hammadi *consistent en cinquante-deux documents dont la plupart relèvent de la gnose. Le document le plus célèbre de cette collection, l'*Évangile de Thomas, *fut acquis en 1952 par le professeur Quist* [van Rijn joue ici sur le nom de Quispel].

*Comme l'*Évangile de Judas, *les documents de Nag Hammadi finirent entre les mains de marchands d'art avides de s'enrichir, dont un marchand belge... Quispel, ayant entendu parler de la découverte, écrivit à plusieurs sponsors. Et le 10 mai 1952, il prit le train pour Bruxelles avec en poche un chèque de 35 000 francs suisses. « Une somme dérisoire, dit-il, même pour l'époque. Mais je suis quand même rentré aux Pays-Bas avec le manuscrit. Aujourd'hui, les documents vaudraient 4 ou 5 millions de dollars. » Quispel n'exclut pas la possibilité que l'*Évangile de Judas *ait la même origine que les manuscrits de Nag Hammadi. Il se rappelle être allé en 1955 rendre visite au Caire au marchand chypriote Tano qui possédait de nombreux documents. C'était la reine Juliana qui lui avait demandé d'effectuer ce voyage. Elle montrait un grand intérêt pour les gnostiques. « Les autorités égyptiennes avaient saisi la collection de Tano, raconte Quispel. Mais plus tard, il m'a écrit lui-même. Il se préparait à partir pour Genève où il voulait mettre en vente des documents qu'il estimait pouvoir faire sortir clandestinement d'Égypte. Son acheteur était un Suisse fortuné du nom de Martin Bodmer. » Quispel* *ne serait pas autrement surpris d'apprendre que l'*Évangile de Judas *est parvenu à cette occasion entre les mains de Bodmer. « Bodmer a confié les documents à une fondation suisse baptisée de son propre nom, dit-il. Il a engagé un pasteur suisse pour lui apprendre le copte, afin qu'il traduise les textes. Ce pasteur s'appelait Rodolphe Kasser. Et Rodolphe Kasser est l'homme qui a finalisé la vente de l'*Évangile de Judas. »

Cette idée selon laquelle Tano aurait vendu le document à Bodmer est parfaitement ridicule. C'est bien plus récemment que le manuscrit a dû trouver le chemin de la bibliothèque Bodmer pour y être conservé et étudié. Il aura été mis en vente à Genève une génération auparavant – en 1983. Et il sera passé, entre autres, par New York et Yale. Jamais il n'aurait tant voyagé si Tano l'avait vendu à Bodmer ! Au contraire, on aurait eu tôt fait de le déposer à la bibliothèque Bodmer, comme toute autre acquisition.

Hans Van Oort est l'élève et le successeur de Quispel. C'est aussi l'homme qui fait autorité aux Pays-Bas en matière de gnosticisme. Il a publié un document très sobre que Michel Van Rijn nous offre également de découvrir en traduction sous le titre : « *L'Évangile de* Judas *n'est pas de Judas*[XIX] ».

Le propriétaire du texte, qui cherche seulement à en tirer de l'argent, a programmé avec soin la publicité qui devait entourer le document intitulé *Évangile de Judas*. C'est en tout cas l'opinion du professeur Hans Van Oort, spécialiste du gnosticisme, du manichéisme, de Nag Hammadi et de saint Augustin. Le professeur a pris l'initiative de convoquer une conférence de presse afin de dresser la liste des « propos insensés » tenus au sujet de l'*Évangile de Judas* ; par exemple que le Vatican avait intérêt à ce que le document ne soit jamais publié...

Van Oort n'écarte pas la possibilité que ce texte fasse partie du codex manquant de Nag Hammadi. Ce qu'il exclut, c'est qu'il soit de la main même de Judas. « Il n'y a aucune raison d'aucune sorte de le supposer. C'est hors de propos... »

Van Oort compte parmi les rares personnes au fait du contenu de l'*Évangile de Judas.* Mais il ne veut pas d'ennuis avec le propriétaire du manuscrit, la fondation suisse Maecenas. « Je risquerais, affirme-t-il, d'y laisser ma vie. »

J'avais pourtant pris soin d'évoquer la découverte de l'*Évangile de Judas*, justement pour qu'il soit très clair qu'il n'appartenait pas à la découverte de Nag Hammadi[XX] :

> *Aucun argument convaincant ne permet d'affirmer qu'il y avait plus* [de treize documents dans les *Codices de Nag Hammadi*]. *Cependant Ludwig Koenen et Stephen Emmel ont pu examiner en Europe, en 1983, une assez grande partie d'un codex gnostique du* IV*e* *siècle contenant une version différente de l'*Apocalypse de Jacques *(la première) et une version de la* Lettre de Pierre à Philippe *(ainsi intitulée en haut de page). L'ensemble contenait également un dialogue inconnu entre Jésus et ses disciples, lequel est provisoirement associé à différentes provenances autres que Nag Hammadi, et ne devrait pas, sauf preuves formelles contraires – traits*

> *physiques ou éléments du cartonnage – être identifié comme se rapportant aux* Codices de Nag Hammadi.

Par « traits physiques », j'entendais le type d'écriture à la main, ainsi que la façon dont les manuscrits ou les couvertures en cuir étaient manufacturés. Par « éléments du cartonnage », j'entendais ces références à des lieux ou à des noms propres que l'on trouve souvent sur les déchets de papyrus utilisés pour renforcer et égaliser la couverture des manuscrits. Ces preuves ne sont pas apparues. Il n'y a donc absolument aucune raison de supposer que le manuscrit contenant l'*Évangile de Judas* appartenait au lot découvert à Nag Hammadi. Il a été présenté comme ayant été trouvé dans un endroit situé beaucoup plus loin en aval sur le Nil, plus proche du lieu de découverte, il y a cent ans, des manuscrits d'Oxyrhynchus (une énorme quantité de textes anciens comprenant un grand nombre de textes sur papyrus du Nouveau Testament). Cependant cette idée d'associer l'*Évangile de Judas* à Nag Hammadi doit être une trop bonne idée pour qu'on la laisse tomber aussi facilement. Aussi Michel Van Rijn poursuit-il, sans d'ailleurs fournir la moindre information à l'appui de ses dires[XXI] :

> *Le manuscrit a été déterré près de Nag Hammadi, puis exporté illégalement d'Égypte et importé illégalement aux États-Unis, où Frieda* [Tchacos] *l'a acheté.*

J'ai d'abord hésité avant de publier fût-ce une ligne sur la découverte d'un manuscrit en langue copte jusqu'alors inconnu, de peur que cela ne revienne aux oreilles du propriétaire ou de son agent, ce qui les aurait incités à augmenter encore leur prix. Mais le mémoire de Steve contenait des informations que nos collègues spécialistes auraient naturellement été impatients de connaître. J'étais notamment très heureux que Steve ait été en mesure de lire le titre du deuxième traité, la *Lettre de Pierre à Philippe*. La copie du Codex VIII de Nag Hammadi, Traité 2, s'ouvre sur un titre qui annonce de façon plus complète : *Lettre envoyée par Pierre à Philippe*. Pour des raisons pratiques et à l'usage des spécialistes, j'avais moi-même abrégé le titre en *Lettre de Pierre à Philippe*. Je communiquai l'information à Hans-Gebhard Bethge, sachant qu'il écrivait sur le sujet (à l'université Humboldt de Berlin, 1984). Il mentionna donc cette deuxième copie[XXII] :

L'Épître de Pierre à Philippe *figurait dans les* Codices de Nag Hammadi*, mais le texte de la version parallèle est encore loin de pouvoir être mis à la disposition des spécialistes.*

Il explique dans une note en bas de page comment il en a entendu parler :

> *La première information sur l'existence de ce texte, un codex en papyrus trouvé avec une version de la* Première Apocalypse de Jacques*, et un dialogue de Jésus avec ses disciples non identique à NCH III 5, fut délivrée par J.M. Robinson et S. Emmel lors du troisième Congrès d'études coptes, à Varsovie, en août 1984.*

À Varsovie, nous n'osions même pas rêver de ce qui arriverait vingt ans plus tard. Puis vint le huitième Congrès international d'études coptes à Paris, et ce fameux 1er juillet 2004 où l'on apprit ce qu'était en fait ce dialogue de Jésus avec ses disciples : l'*Évangile de Judas* !

Mon élève Marvin W. Meyer travaillait à l'édition critique de la *Lettre de Pierre à Philippe* ; il y inclut une référence à la copie de 1991[XXIII] :

> *D'après les comptes rendus de James M. Robinson et Stephen Emmel, un texte copte plus ou moins divergent de la* Lettre de Pierre à Philippe *figurerait dans un codex de papyrus non encore publié, ni disponible pour les chercheurs.*

J'avais communiqué à Meyer en mars 1991 ce que j'avais réussi à lire sur les photos floues que Koenen m'avait fait parvenir. Il publia cette très fragmentaire transcription parallèlement au texte du Codex VIII de Nag Hammadi, 135, 25-136, 2. À l'instar de Harry Attridge et de Steve Emmel, Marvin devait, une génération plus tard, jouer un rôle de premier plan dans la réapparition de l'*Évangile de Judas*.

Le 1er juillet 2004, Rodolphe Kasser annonça donc à Paris qu'il avait l'autorisation de publier le manuscrit de l'*Évangile de Judas*. Mais, chose surprenante, il ne fit aucune allusion à ces bribes d'informations déjà parues au sujet de ce codex. C'est en principe la règle chez les spécialistes : dans le cas d'un texte aussi nouveau, on commence par se référer aux publications précédentes. Rodolphe Kasser en connaissait très certainement l'existence, puisqu'il était le représentant suisse du Comité international pour les *Codices de Nag Hammadi*. Avant la publication de chaque volume de l'édition en fac-similé de ces codices, laquelle était théoriquement autorisée et supervisée par ce même comité, j'avais envoyé à chaque membre une copie du livre pour consultation. Et le livre une fois publié, chaque membre en avait reçu un exemplaire envoyé par l'éditeur, E.J. Brill. D'autre part, les publications dans lesquelles Bethge et Meyer avaient fait paraître leurs commentaires étaient typiquement le genre de revues qui doivent figurer dans la bibliothèque de Kasser : des publications certes trop spécialisées pour intéresser les libraires, mais conformes aux critères de la recherche scientifique. Kasser, à Paris, a parlé d'un manuscrit nouvellement découvert en omettant de se référer à ce qui avait déjà été écrit à ce sujet des années auparavant, comme s'il voulait donner à son intervention un caractère sensationnel. Sauf que le seul élément nouveau de son discours était le titre du dernier des traités présents dans le lot de manuscrits : l'*Évangile de Judas*.

En 1983, je n'avais pas réussi à lever les fonds qui auraient permis de finaliser l'achat des manuscrits, et l'expérience m'avait servi de leçon. J'avais compris combien il était important de prendre des contacts avec de riches clients, au cas où les négociations viendraient à être réouvertes. C'est ainsi que j'avais pu intéresser à cette affaire Martin Schøyen, un riche Norvégien collectionneur de manuscrits anciens.

À la fin des années quatre-vingt, il m'arrivait souvent de passer par Athènes. J'y faisais étape quand j'allais en Égypte travailler sur les *Codices de Nag Hammadi.* Et je fis un sérieux effort pour essayer de retrouver l'Athénien que Steve avait rencontré à Genève. Bien entendu j'interrogeai Koenen, qui avait manifestement arrangé le rendez-vous de Genève par l'intermédiaire de l'Athénien. Du reste, il avait sûrement déjà collaboré avec lui par le passé, quand il s'était agi d'acquérir des manuscrits pour la collection de Cologne. Koenen se montra aimable. Il me communiqua le nom de l'Athénien : John Perdios, ainsi que son numéro de téléphone à Athènes – le numéro d'une agence de voyages, en fait, dirigée par son frère.

Perdios me reçut dans une élégante maison. Sa spécialité était l'achat et la vente de tableaux appartenant à la tradition bavaroise du XIXe siècle. Il m'expliqua que la Grèce avait accueilli à cette époque une famille royale bavaroise qui avait apporté avec elle des œuvres d'art. Perdios m'emmena dîner dans le meilleur restaurant d'Athènes, afin de poursuivre dans une ambiance agréable la discussion sur l'achat des manuscrits. Et il accepta le principe d'une rencontre à New York avec Schøyen et moi, en présence du vendeur.

Perdios ne m'a jamais communiqué le vrai nom du vendeur. Avait-il peur de voir le gouvernement poursuivre cet homme pour fouilles et exportations illégales ? Craignait-il tout simplement d'être doublé par le vendeur, et de perdre le bénéfice qui lui revenait en tant qu'intermédiaire ? Peut-être les deux raisons ontelles joué. En tout cas il me présenta le vendeur sous le nom d'Hannah. Hannah est un surnom employé pour « Johannes » en grec et en copte. Et il est aussi commun chez les coptes que chez les chrétiens. Il faisait donc un pseudonyme parfait, impossible à percer par les autorités égyptiennes ou par moi. (On aura compris que ce « John » de John Perdios était la forme anglicisée du prénom grec Johannes.)

Je lui demandai pourquoi il proposait New York comme lieu de rendez-vous. Il répondit que son frère vivait là-bas, et que ce serait l'occasion de lui rendre visite. Mais je pensai que la vraie raison était fort simple : les manuscrits se trouvaient à New York. Il se doutait bien que nous voudrions les voir avant de nous engager, puis en prendre possession si le marché venait à être conclu. Quant à moi, j'en étais fatalement réduit à des conjectures. Les documents étaient-ils confiés à la garde de son frère ? À un membre de la très vaste communauté copte du New Jersey ? On sait aujourd'hui qu'ils reposaient en fait dans un coffre de la Citibank à Hicksville, Long Island, New York. Michel Van Rijn s'était même montré encore plus précis[XXIV] :

> *Après qu'Hannah et Koutoulakis se furent entendus, l'évangile fut envoyé à un cousin d'Hannah à New York, sans être déclaré à la douane.*

Schøyen accepta d'assister à un rendez-vous en janvier 1991, à une date qui conviendrait aux vendeurs. Je commençai à chercher un hôtel à New York. Ainsi, à la fin de 1990, nous nous préparions activement. Mais c'est le moment que choisit Saddam Hussein, le président irakien, pour étendre son empire pétrolier vers l'Arabie saoudite. Le président George H. W. Bush lui demanda de faire marche arrière et lui adressa un ultimatum disant que, en cas de refus, les États-Unis bombarderaient Bagdad au mois de janvier. Un message de Perdios me parvint : le Copte ne voulait pas quitter sa famille à la veille de la Troisième Guerre mondiale. Tout était annulé !

Au début de 1992, j'étais professeur invité à l'université de Genève. De là, je téléphonai à Perdios avec l'idée de faire un saut à Athènes et d'essayer d'arranger à nouveau le rendez-vous de New York. Il me répondit qu'il reprendrait contact avec son ami copte quand ce dernier rentrerait au Caire – il était alors en voyage en moyenne Égypte. Il me tiendrait au courant. Mais je n'ai plus jamais eu de ses nouvelles. Et le rendez-vous n'eut jamais lieu. Cependant l'intérêt que je portais à ces insaisissables codices coptes ne devait pas s'éteindre.

Une équipe de spécialistes québécois travaille à l'université de Laval à une édition en français des *Codices de Nag Hammadi*, et j'ai été amené à les représenter auprès du Canadian Council. Ils ont également reçu l'agrément de la Canadian Bombardier Foundation. Ils pensaient que cette fondation était susceptible aussi de financer l'acquisition des nouveaux manuscrits en copte que Steve Emmel avait examinés à Genève. Et ils étaient prêts à enchaîner avec ces documents-là quand ils en auraient fini avec Nag Hammadi.

Les fonds en provenance du Canada Council comprenaient le salaire d'un professeur invité, un coptologue qui les aiderait à renforcer leurs connaissances. Ils m'avaient déjà contacté une fois pour savoir si je pouvais leur recommander quelqu'un. Je suggérai un des meilleurs spécialistes du monde, l'Allemand Wolf-Peter Funk, que je pensais rencontrer bientôt lors d'un séjour à Berlin. Il apparut que j'arrivais à point nommé, car Funk avait envie d'aller au Canada où il animait déjà un séminaire de grammaire copte à l'université Laval, et supervisait la publication en français des *Codices de Nag Hammadi*. Cependant Funk n'avait pas de poste de professeur permanent à l'université. Il s'inquiétait de ce que lui réservait l'avenir quand l'édition des codices serait terminée. On aura donc compris que l'équipe de Laval fondait des espoirs sur l'acquisition des manuscrits coptes. Je leur indiquai comment entrer en contact téléphonique avec Perdios. Et l'un d'eux, le Norvégien Einar Thomassen, l'appela en septembre 2001. Mais cela ne devait rien donner. Et pour cause : les manuscrits avaient été vendus entre-temps. Ainsi mes efforts pour acquérir ces documents gnostiques étaient-ils réduits à néant.

Roger Thiede publia alors dans un magazine allemand sa version de la façon dont s'était réalisée la vente de l'*Évangile de Judas* – une version sensationnelle, et même romancée, quoi qu'il en dise[XXV] :

> *L'histoire racontée ci-dessous est vraie, même si elle ressemble à première vue à un remake du* Faucon maltais *de John Huston.*

Thiede entame son récit de la façon suivante[XXVI] :

> *De l'interminable marchandage portant sur l'objet convoité et se déroulant dans une chambre d'hôtel en Suisse, il ressort*

premièrement qu'Hannah, le joaillier sans scrupule du Caire, essaie de fourguer en pays étranger une anthologie composée de trois traités datant des débuts du christianisme, et refuse de démordre de la somme de 3 millions de dollars, pas un cent *de moins ; et deuxièmement qu'il y a un acheteur en la personne de Nikolas Koutoulakis, un marchand d'art résidant à Genève.*

Il fournit ensuite, concernant la provenance de l'objet, des informations qui ne sont attestées nulle part ailleurs[XXVII] :

> *Le mystérieux manuscrit avait survécu mille six cents ans dans un coffre de pierre, dans les sables du désert de moyenne Égypte, en un lieu appelé Muh Zafat Al-Minya.*

Très vite, son histoire vire au scabreux[XXVIII] :

> *Maintenant, les menaces de dernière minute. Les deux marchands ont des mots. À cause de l'indispensable femme fatale qui, tradition oblige, s'aperçoit qu'il y a un problème. Koutoulakis, qui connaît mal la nature humaine, s'ouvre à sa jeune maîtresse, Mia, des détails de la négociation – et la dame se dépêche de le remplacer par l'Égyptien. Vient la contre-attaque. Le papa gâteau est furieux. Il force la porte de l'Égyptien. Dans la dispute, le butin est déchiré. D'importants morceaux atterrissent dans le sac à main de Mia, avant de s'évaporer pour longtemps. Un folio est à jamais perdu. Koutoulakis arrive à mettre ce qui reste en lieu sûr. Plus tard, le Grec se venge de son adversaire cairote ; les menaces de mort s'étaient accomplies.*

La même histoire est racontée par Michel Van Rijn sur son site Web[XXIX], avec plus de détails toutefois, et non sans humour.

*Le joaillier égyptien reçut un coffre de pierre d'un homme convaincu d'avoir mis la main sur quelque chose d'important. Ce qu'il y avait dedans était considérable : rien de moins que l'*Évangile de Judas. *Hannah se mit en chasse pour essayer de trouver un acheteur. Il était tout à fait conscient de la valeur de l'objet. Il en demanda 3 millions de dollars. Finalement, un marchand grec du nom de Nikolas Koutoulakis se manifesta. Koutoulakis était établi à Genève. Il envoya sa petite amie Mia (ou peut-être était-ce Effy ?) en éclaireur. Mais la petite amie doubla son amant et passa un accord avec Hannah. Trop tard... Le Grec roublard avait plus d'expérience que la minette. Il cambriola l'appartement d'Hannah et repartit avec tous les manuscrits, y compris les pages à la gloire de Judas.*

Puis il fit passer les documents en fraude à Genève, où ils furent mis en vente pour la somme de 3 millions de dollars. Au milieu de ce délire de fraude, de vol, de tromperies, de sexe et de religion, Mia avait réussi à voler quelques-unes des pages. Entre-temps, Koutoulakis montra ses papyrus à sa compatriote et antiquaire Frieda Tchacos, qui vivait à Zurich. On était alors en 1982.

Le cliché s'impose : c'était trop beau pour être vrai ! Mais l'histoire continue :

Il ne restait plus grand-chose du manuscrit, mais cela n'empêchait pas Hannah de se tenir aux aguets et d'essayer de repérer un client. Des évaluateurs entrèrent en jeu, recrutés au sein des meilleures universités américaines. Leur rôle devait consister à faire parvenir les éléments du dossier aux autorités scientifiques compétentes. Mais les transactions échouèrent à cause du prix. Même l'université de Yale refusa de verser une somme aussi exorbitante.

1982 : c'était donc avant que Steve Emmel ne voie les documents, puisque son rendez-vous à Genève eut lieu le 15 mai 1983 ! On est en droit de se demander où est l'intérêt de ce récit – certes divertissant. Mais tel est le pédantisme scientifique qu'il est prêt à aller chercher des bribes d'informations jusques et y compris dans des histoires qui relèvent plus ou moins du roman.

Il est certes possible que le propriétaire se soit efforcé de vendre les documents à Koutoulakis, et que l'affaire soit allée assez loin pour que Frieda Tchacos s'y trouve finalement mêlée. Il n'en demeure pas moins que, après la rupture, Pedrios a approché Koenen au nom de son ami. De sorte que les seules vraies certitudes concernant l'*Évangile de Judas* résident en définitive dans le témoignage oculaire de Steve Emmel.

Rapport sur les manuscrits en papyrus mis en vente à Genève, Suisse, le 15 mai 1983

La collection de papyrus mis en vente se compose de quatre manuscrits séparés, et peut-être de fragments d'autres documents. Un système de numérotation et de désignation des manuscrits a été mis au point en accord avec le vendeur et son intermédiaire :

1. « L'Exode » (en grec)
2. « Codex des Apocalypses coptes » (en copte)
3. « Lettres de Paul » (en copte)
4. « Fragment métrologique » (en grec)

Le matériel était rangé dans trois boîtes en carton protégées par des journaux. Les articles 1, 2 et 4 se trouvaient dans une boîte séparée, avec des fragments de l'article 3 mêlés aux articles 1 et 4. Ce rapport concerne seulement les articles en copte, principalement l'article 2, et brièvement l'article 3. Lequel article 3 se compose de fragments d'un codex en papyrus du Ve *(peut-être du* IVe*) siècle contenant au moins quelques-unes des lettres de saint Paul. Les feuillets mesurent à peu près 24 cm par 16 cm. Le scribe a défini sa zone d'écriture avec de la craie rose. Son écriture est cursive. Il semble que le texte ait été rédigé rapidement. Les pages sont numérotées au centre, au-dessus d'une unique colonne de texte. Le numéro de page le plus élevé observé est le 115. Certains feuillets du codex sont presque entièrement conservés, beaucoup sont légèrement fragmentés, de sorte qu'une partie importante au moins des documents pourrait être reconstituée. Une partie de la reliure en cuir est présente (la première ou la quatrième de couverture, y compris le dos, renforcée avec des chutes de papyrus) ; elle appartient probablement, mais non de façon certaine, à ce codex. Les textes identifiés avec certitude sont les* Épîtres aux Hébreux, aux Colossiens *et la* Première Épître aux Thessaloniciens *; ils sont rédigés dans une version non standard de sahidique.*

Le joyau de cette collection de quatre manuscrits est l'article 2, un codex en papyrus du IVe *siècle, approximativement de 30 cm sur 15 cm, contenant des écrits gnostiques. Il était certainement en bon état au moment de la découverte du codex*

– doté de sa reliure de cuir, de ses feuillets complets avec leurs quatre marges intactes. Mais le codex a été manipulé sans précaution ; seule est préservée la moitié de la reliure de cuir (sans doute la première de couverture) ; et les feuillets ont subi des dégâts. L'absence de la moitié de la reliure, et le fait que la numérotation des pages s'arrête à 50 m'amènent à supposer que la deuxième moitié du codex est manquante ; seul un examen plus approfondi pourrait confirmer ou infirmer cette supposition. Les textes sont rédigés dans une forme non standard de sahidique.

Le codex tenait sur une seule colonne. Il était écrit en onciale large et prudente. Les numéros de pages étaient centrés au-dessus de l'en-tête et décorés de courtes rangées de chevrons au-dessus et en dessous. Les pages 1 à 50 au moins sont représentées par de substantiels fragments qui, une fois rassemblés, formeront des feuillets complets avec leurs quatre marges intactes. La partie de reliure préservée est égalisée avec du cartonnage, et avec des couches de déchets de papyrus collées les unes aux autres. Une partie au moins de ce cartonnage porte des inscriptions ; on peut donc espérer l'étudier, et déterminer avec précision le lieu et la date de sa fabrication.

Le codex contient au moins trois textes différents. Premièrement, la Première Apocalypse de Jacques*, un écrit déjà connu, quoique dans une version différente, grâce aux* Codices de Nag Hammadi (NHC V, 2). *Deuxièmement, la* Lettre de Pierre à Philippe, *un écrit déjà connu grâce au NHC VIII (dans le nouveau manuscrit, ce titre* [en copte] TEPISTOLH MPETROS SHAFILIPPOS *est donné en bas de page* [voir le titre en haut de page, légèrement différent, dans NHC VIII 132, 10-11] *et accompagné d'ornements qui emplissent l'espace libre après la fin du texte). Et* *troisièmement, un dialogue entre Jésus et ses disciples (du moins dans lequel « Judas »* [à savoir, probablement, Judas Thomas] *est impliqué) d'un genre similaire au « Dialogue du Sauveur » (NHC III) et à la « Sagesse de Jésus-Christ » (NHC III et le Codex Gnostique de Berlin [PB 8502]).*

Les feuillets et les fragments du codex devront être conservés entre des plaques de verre. Je recommanderais des mesures de conservation du type de celles utilisées pour la restauration et la conservation des Codices de Nag Hammadi *(voir à ce sujet mon article « The Nag Hammadi Codices Editing Project : A Final Report », American Research Center in Egypt, Inc.,* Newsletter *104* [1978] *10-32). En dépit des dégâts déjà intervenus, et de ceux qui se produiront inévitablement entre aujourd'hui et le début de la vraie conservation du document, j'estime à environ un mois le temps nécessaire pour rassembler les fragments du manuscrit et placer les feuillets entre des plaques de verre.*

D'après le propriétaire, les quatre manuscrits de cette collection ont été trouvés près du village de Beni Masar, à huit kilomètres environ au sud d'Oxyrhynchus (aujourd'hui Bahnasa). Il est difficile de savoir dans quelle mesure cette affirmation doit être prise au sérieux. L'examen des cartonnages à l'intérieur des deux couvertures ayant survécu fournira sans doute certaines informations sur la provenance du codex, en tout cas sur sa fabrication.

Le propriétaire demande 3 millions de dollars pour la collection complète. Il refuse d'envisager de baisser son prix jusqu'à une somme raisonnable, et prétend qu'il avait commencé par demander 10 millions, avant de tomber à 3 au cours de précédentes négociations avec un acheteur éventuel. Il refuse également de discuter le prix des quatre articles pris séparément. Il aimerait vendre les quatre manuscrits en un seul lot ; mais il est probable qu'il les vendra séparément si nécessaire.

Je vous demande avec insistance d'acheter ce codex gnostique. Il est d'une valeur scientifique considérable, comparable à tous égards aux Codices de Nag Hammadi. *Il s'agit là encore d'un des plus anciens spécimens d'un livre sous forme de codex ; le fait qu'une partie de la couverture ait été préservée est un coup de chance extraordinaire. Ce manuscrit est en grand danger. De nouvelles détériorations risquent de survenir tant qu'il restera entre les mains de l'actuel propriétaire. Ce document unique doit être confié au plus vite à une bibliothèque ou à un musée qui se chargera de le restaurer, de le publier et de le conserver.*

Stephen EMMEL
le 1er juin 1983

– 5 –

L'ÉVANGILE DE JUDAS MIS À L'ENCAN

L'acquisition suisse, 1999-2000

Dans le chapitre précédent, la version de l'histoire contée sur son site « artnews » par Michel Van Rijn, d'origine hollandaise mais installé à Londres, s'achevait à Genève, chez le marchand d'art Nikolas Koutoulakis, en 1982, alors que celui-ci montrait le papyrus de l'*Évangile de Judas* à sa consœur Frieda Tchacos. Si celle-ci a bien vu le codex en 1982, il lui aura fallu un long moment pour réagir puisque la Suissesse ne semble l'avoir acheté qu'en 1999. Le journaliste allemand Roger Thiede rend compte de l'acquisition tout en faisant remarquer que Mia (la retorse fiancée de Koutoulakis) y avait participé [1]...

L'opération est lancée dès que l'astucieux avocat Mario Jean Roberty, représentant de la fondation bâloise aux activités internationales Maecenas Stiftung für antike Kunst (Fondation Maecenas pour l'art ancien), et sa cliente, la femme d'affaires Frieda Nussberger-Tchacos, de la galerie zurichoise Nefer, prennent les choses en main. En 1999, l'acquisition est réalisée en partie avec des fonds provenant de la direction de Mia.

Certes, l'association Mia-Frieda Nussberger-Tchacos peut sembler pour le moins étrange. La fiancée de l'agent grec Nikolas Koutoulakis n'apparaît que sous le prénom de « Mia », terme qui désigne également, en grec, le chiffre un et pourrait correspondre à quelqu'un, ou quelqu'une en l'occurrence. On ne sait pas trop quel était le vrai nom de cette dernière ni pourquoi il n'est pas cité. Peut-être parce personne ne le connaissait et qu'il n'intéressait personne.

En tant que Suisse bilingue, Ralph Pöhner, dans un article paru en 2005 dans *Facts*, avait indiqué le prénom de la femme d'affaires zurichoise en français, soit Frédérique[II], dont Frieda est le surnom en Suisse alémanique. Quant à son nom de famille, il est double parce que, selon l'usage de ce pays, on accole le nom de jeune fille de la femme à celui de son mari. Autrement dit, avant son mariage, elle devait s'appeler Frédérique (Frieda) Tchacos. Tchacos est un nom grec. (Mon ami et collègue suisse de la Harvard Divinity School, François Bovon, m'assure qu'il n'a ni une consonance suisse ni une consonance allemande.) On l'écrit parfois avec un « k » (Tchakos) au lieu d'un « c » (Tchacos), le *kappa* grec étant souvent translittéré, comme ici, en « c ».

Il semblerait bien que Mme Tchacos ait été « prédestinée » à s'occuper de cette affaire[III].

Derrière la façade de la fondation Maecenas se cache l'une des plus célèbres antiquaires du monde, Frieda Tchacos (alias Frieda Nussberger). Elle a refusé, par l'intermédiaire de Roberty (l'avocat suisse de la fondation Maecenas), toute interview en vue de cet article ; néanmoins, ses confrères de Londres la décrivent comme une personne « très habile, très discrète, très intelligente ». On la dit d'ascendance grecque, élevée à Alexandrie ; installée en Suisse, elle possède des galeries à Paris et à Genève. « Elle parle toutes les langues, traite des affaires au plus haut niveau, brasse des millions de livres », déclare un négociant londonien.

Roberty explique que Tchacos refuse de parler du manuscrit parce que, depuis que l'existence de l'évangile a été révélée dans la presse allemande et suisse, des intégristes chrétiens se sont rassemblés devant sa maison, en Suisse, couvrant la clôture de slogans hostiles.

Frieda pourrait donc fort bien avoir négocié avec Mia en grec ! Évidemment, on ignore si elles se sont seulement rencontrées. En fait, à cette époque, Mia peut aussi bien avoir quitté la partie depuis longtemps (pour peu qu'elle y soit jamais entrée). Après tout, elle avait déjà vécu une expérience pour le moins violente (au sujet du papyrus notamment).

Bien sûr, Tchacos pourrait avoir traité seule à seul avec Nikolas Koutoulakis (probablement toujours en grec...), ainsi que Michel Van Rijn l'a raconté :

Koutoulakis montra ses papyrus à une compatriote, sa collègue l'antiquaire Frieda Tchacos.

Le journaliste suisse zurichois Ralph Pöhner relate, non sans fierté [IV].

> *Enfin, en 1999, les intérêts suisses rachètent le lot de documents à l'Égyptien (vraisemblablement, le propriétaire du Caire appelé Hannah dans les comptes rendus allemand et hollandais, et le propriétaire copte anonyme dans celui de Steve Emmel). « Nous le tenons de lui », a confirmé Roberty ; mais l'avocat refuse de dévoiler l'identité de l'homme du Caire : « Nous désirons avant tout nous assurer que les autorités égyptiennes ne le poursuivront pas pour avoir exporté des objets d'art. »*

Récemment, Roberty a révélé dans quelle situation étrange se trouve l'Égyptien qui leur a fait cette vente [V] :

> *Voyez-vous, l'ennui avec l'Égypte (à qui le codex doit un jour revenir), c'est que ses lois sont très différentes des nôtres. Il est difficile de s'y référer. C'est pourquoi nous préférons utiliser des pseudonymes en ce qui concerne les ressortissants de ce pays.*

Quand on lui a demandé si le vendeur se mettait en contravention avec les lois égyptiennes, il a répondu : « Non. Parce qu'il y a prescription. » Ajoutant toutefois que la difficulté pouvait provenir d'ailleurs :

> *Leurs concitoyens pourraient croire que ces gens sont devenus extrêmement riches, sans parler de divers risques que nous ne voudrions pas leur faire courir.*

Tous les vrais noms seront déposés, afin que les spécialistes puissent y accéder en toute transparence.

Il n'existe aucun risque au plan légal. Notre démarche est absolument claire et saine en soi mais, dans ce pays, dont j'ai par ailleurs quelque expérience, on ne sait jamais comment les choses vont tourner.

S'il y a une règle qui prédomine, ce serait surtout celle du harcèlement. Avec le temps, la plupart des personnes concernées ont atteint un âge avancé et j'estime que ce n'est pas le moment de leur faire subir ce genre de tracas.

Van Rijn raconte que Mme Tchacos est parvenue à rassembler ce que Mia avait volé et ce que Hannah avait conservé ou récupéré [VI].

Au cours de l'été 1999, Frieda était tombée sur des papyrus volés qu'elle croyait appartenir à Mia. Elle se rendit au Caire en novembre pour y discuter de l'achat du manuscrit complet avec Hannah. Celui-ci avait déposé l'évangile dans un coffre rouillé de la Citibank de Hicksville, dans l'État de New York. Elle alla donc l'examiner sur place et l'acheta peu après pour une somme inconnue.

Pöhner avait dit qu'elle avait acquis l'ensemble en 1999 auprès du Copte « Hannah ». Cependant, Thiede ne mentionne les manuscrits de Hannah qu'en 2000, lorsque les « éléments acquis par l'intermédiaire de Mia » sont réunis au reste[VII].

En l'an 2000, Frieda Nussberger(-Tchacos) réussissait enfin à compléter le trésor avec les éléments que Hannah avait entre-temps déposés au sous-sol de la Citibank de Hicksville, New York.

Indubitablement, Mme Tchacos parle l'allemand et son dialecte suisse à Zurich, le français à Paris et à Genève, le grec à Athènes, l'arabe au Caire et l'anglais à New York. Il est certes très commode de parler « toutes les langues ».

L'université de Yale

Frieda Tchacos s'est adressée à l'université de Yale en tant qu'acheteuse potentielle[VIII].

De prime abord, il ne semblait pas très clair que quelqu'un puisse avoir la préséance sur cette découverte. En l'an 2000, l'antiquaire zurichoise Frédérique Nussberger – cliente de Roberty – se présentait avec les documents à la bibliothèque Beinecke de l'université de Yale. De nouveau sans aboutir à un accord. « Nous avons renoncé à l'achat », déclare le conservateur de la bibliothèque, Robert Babcock. « Nous n'avons pas l'intention d'en communiquer les raisons. » Tout juste a-t-il précisé que « leur légitimité n'était pas en cause – nous les considérions comme authentiques ».

Harry Attridge, chargé des estimations pour Yale, me remit le rapport suivant :

« À Yale, le conservateur des manuscrits anciens de la bibliothèque Beinecke, le Dr Robert Babcock, nous invita, Bentley Layton et moi-même, à venir voir le codex copte afin de lui faire part de notre jugement sur sa probable portée. Je

pense qu'il désirait acquérir l'ensemble. Dans la mesure où son domaine est la papyrologie grecque, il aurait été parfaitement apte à juger de la valeur et de la portée des documents grecs qui faisaient partie de l'offre. Je ne me rappelle pas qu'il ait discuté le prix demandé – pondération tout à fait de mise – ni qu'il ait identifié le vendeur ou son agent. Nous n'avons eu de contact ni avec un vendeur ni avec un agent. Nous avons eu un bref accès au codex copte dans les bureaux de la bibliothèque Beinecke et avons pu vérifier qu'il correspondait vraiment à ce que nous en avait dit Steve Emmel, un codex, sans doute du IVe *ou du* V^e^ *siècle, rédigé dans une écriture de bonne façon, plutôt littéraire, au contraire des manuscrits de Nag Hammadi. Nous n'avons pas eu le temps de lire ou de traduire le texte, pas plus, pour autant que je m'en souvienne, que nous n'avons discuté de son éventuelle identification comme un* Évangile de Judas. *Je n'ai pas participé à la décision de ne pas acquérir l'ensemble, celle-ci ayant été prise par l'équipe de Beinecke, quoique j'ignore à quel niveau.* »

Tchacos et Ferrini : le contrat du 9 septembre 2000

Les manuscrits resurgissent ensuite le 9 septembre 2000 : on trouve sur Internet[IX] un contrat signé à cette date, entre « Frieda Nussberger-Tchacos, dont l'adresse est Augustinersgasse 14, 8001 Zurich, Suisse (ci-après désignée comme “le vendeur”) et Nemo, LLC, dont l'adresse est 1080 Top of the Hill Road, Akron, Ohio (ci-après désigné comme “l'acheteur”) ». L'acheteur est représenté par Bruce Ferrini. Le prix d'achat, à régler sous forme de versements échelonnés sans intérêts, s'élève à 1 500 000 dollars, une moitié « devant être versée le 15 janvier 2001 au plus tard » et l'autre moitié « le 15 février 2001 au plus tard ». Le contrat stipule :

Le manuscrit a été, à tous les points de vue, légalement exporté de son pays d'origine et importé dans tous les pays par lesquels il est passé, les États-Unis inclus.

Aucune personne, morale ou légale, n'est en possession d'aucune copie, photographie, fac-similé ou reproduction d'aucune sorte ni d'aucun support du manuscrit ou du texte en question.

[...] dans la mesure où le vendeur a acquis et pris livraison du manuscrit aux États-Unis, il ne possède pas de licence d'importation ou d'exportation et ne sera pas tenu d'en délivrer par la suite.

Le contrat est signé par Bruce Ferrini, président de la Nemo LLC, en tant qu'acheteur, et Frieda Nussberger Tchacos, en tant que vendeur.

Martin Schøyen : 11 septembre 2000

Ferrini se mit rapidement au travail pour s'assurer qu'il pouvait vendre les manuscrits plus cher qu'il ne les avait payés. Il les proposa à l'un de ses clients, Martin Schøyen, qui avait sans doute déjà montré quelque intérêt pour leur acquisition. Le 11 septembre 2000, il reçut la réponse suivante de Schøyen, qui avait établi sa propre évaluation sur la base du prix d'éléments semblables vendus aux enchères[X] :

> *Les prix suivants ont été stipulés et plus ou moins consentis par Hannah pour la rencontre à New York des 12 et 13 décembre 1990 (annulée à cause du déclenchement de la première guerre du Golfe) :*
>
> *1.* Exode, *IVᵉ s. Plus de 50 f. grec. 365 000 dollars*
>
> *2. 3 textes gnostiques, copte 25 f. + 10 ? en fragments, IVᵉ s. (1 couverture incluse). 281 000 dollars*
>
> *3.* Lettres de Paul, *IVᵉ s. (3 épîtres), copte, vers 400, 30 f. (1 couverture et dos inclus). 252 000 dollars*
>
> *4.* Traité mathématique, *Vᵉ s. 12 f. ?. 88 000 dollars*
>
> *Total 986 000 dollars*
>
> *Pour le numéro 2, 10 % ont été ajoutés au prix initial dans la mesure où l'une des couvertures a été préservée et, pour le numéro 3, 15 % pour une couverture et le dos de la reliure (sont-ils présents ?)...*
>
> *Vous devriez vérifier si tout est présent : 2 couvertures/ dos d'environ 12 f.* Traité mathématique *(écriture cursive distincte) et* Lettres de Paul *(partie des* Épîtres aux Colossiens, aux Thessaloniciens *(première) et* aux Hébreux *(première).*

Schøyen avait à l'époque effectué ces calculs en se basant sur sa connaissance du marché des objets d'art antiques, et me les avait envoyés. Mais, sans réponse du propriétaire, son commentaire à Ferrini selon lequel ces prix étaient « plus ou moins acceptés par Hannah » aurait dû insister sur le « moins »[XI]. En effet, Schøyen informait Ferrini de ce qu'il était prêt à payer un bon prix. Prix qui ne parut pas suffire à ce dernier pour pouvoir payer à Frieda la somme qu'elle réclamait, a fortiori pour en tirer un quelconque bénéfice. Si bien que la vente à Schøyen ne s'est malheureusement pas faite.

Charles W. Hedrick

Ferrini consultait de temps en temps Charlie Hedrick au sujet d'anciens manuscrits auxquels il avait accès de par son métier, pour lui demander de les identifier à partir de photos qu'il lui envoyait. Le 6 février 2001, Roberty expédiait l'e-mail suivant à Van Rijn, dont il avait entendu parler à propos du rôle d'Hedrick dans la présente affaire :

> *La contribution de Charlie m'étonne vraiment. J'ignorais qu'il possédait une si solide culture théologique sur un sujet aussi particulier. À travers ce genre de contribution, parmi beaucoup d'autres, par la révélation de faits dont je n'ai pas la connaissance, vos éclaircissements pourraient s'avérer des plus efficaces... pour le plus grand bénéfice de la cause !*

J'apprécie d'autant plus de voir qualifier de « solide » la culture d'Hedrick que je fus son directeur de thèse ! Il est aujourd'hui professeur émérite du département d'études religieuses de l'université de l'État du Missouri.

Bruce Ferrini lui a envoyé cent soixante-quatre « très mauvaises photos numériques » où il a pu au moins déchiffrer « Jacques » dans le titre de la (première) *Apocalypse de Jacques* ainsi que le titre *Lettre de Pierre à Philippe*[XII], que Steve Emmel avait déjà identifiés à Genève et qui ont été mentionnés dans la courante publication à propos de l'*Évangile de Judas* comme faisant partie de ce qui a été renvoyé en Suisse[XIII]. Il a également reçu dix photos professionnelles et vingt-quatre autres prises avec un appareil normal. Hedrick a transcrit et traduit ce qu'il pouvait des six pages les plus lisibles. La difficulté s'avérait double : le papyrus lui-même était très endommagé, beaucoup plus que lorsque Steve Emmel avait vu les feuillets en 1983, d'autant que le tiers supérieur de nombreux feuillets avait maintenant disparu. Emmel avait vu sur l'en-tête supérieur une pagination dont Hedrick ne disposait plus pour ranger les photos dans l'ordre. D'autant que, lorsque le bas de page et le haut de la page suivante existent encore, on peut établir l'ordre des feuillets en suivant le fil des idées, ce qui n'était malheureusement plus possible.

Hedrick a fait circuler ses transcriptions et traductions parmi ceux de ses collègues qui avaient travaillé avec lui des années durant sur les *Codices de Nag Hammadi*, Birger A. Pearson, John D. Turner, Douglas M. Parrott, Wolf-Peter Funk, Hans-Gebhard Bethge et moi-même ; il a reçu de la plupart d'entre eux un ensemble de suggestions propres à corriger les diverses étapes de son travail. De cette collaboration venaient de résulter une transcription grandement améliorée, ainsi qu'une traduction en allemand par le groupe de Berlin sous la direction de Bethge, et la traduction correspondante en anglais par Steven Patterson. Voici la dernière page du texte :

> *Ils firent en sorte de s'emparer de lui pendant la prière. Car ils craignaient la réaction du peuple qui le tenait pour un prophète. Or ils s'approchèrent de Judas et lui dirent : que fais-tu à cet endroit ? N'es-tu pas un disciple de Jésus ? Mais il leur répondit ainsi qu'ils l'espéraient. Et Judas accepta de l'argent. Il le leur livra.*

Il est bien regrettable que ce type de coopération collégiale, si caractéristique de l'étude de Nag Hammadi par des gens qui n'avaient pourtant aucune part dans son monopole, n'ait pas été instauré, dans le cas de l'*Évangile de Judas*, par ceux qui en détiennent... le monopole !

Hedrick a publié les rapports de ses photos de l'*Évangile de Judas* en 2002 et 2003 dans les revues universitaires *Bible Review* et *Journal of Early Christian Studies*[XIV] :

> *En somme, outre les quatre évangiles canoniques, nous en comptons quatre apocryphes, sept fragmentaires, quatre connus à travers des citations et deux en théorie retrouvés, pour un total de vingt et un évangiles datant des deux premiers siècles de notre ère ; nous savons par ailleurs que d'autres existaient aux premiers temps de la chrétienté. Je suis convaincu qu'on finira par en découvrir quelques-uns. Par exemple, j'ai vu des photos de plusieurs pages d'un texte copte intitulé* Évangile de Judas *qui a récemment fait son apparition chez les antiquaires.*

*L'un de ces évangiles habituellement considérés comme perdus, l'*Évangile de Judas *(connu d'Irénée vers la fin du IIe siècle), est parvenu jusqu'à nous dans une traduction copte et se trouve sur le marché des objets d'art antiques depuis plusieurs années.*

Ce détail aussi fut relevé par le journaliste suisse Pöhner[XV] :

En juin 2002, la Bible Review *mentionnait des photos qui circulaient sur le marché des manuscrits, de même qu'en novembre 2003, le* Journal of Early Christian Studies. *Il y est question de protéger un document important pour l'humanité. Auparavant, Michel Van Rijn s'était déjà emparé du thème : l'ex-trafiquant d'objets d'art qui se présente lui-même comme un adjudant et illumine la face obscure du marché de l'art rapporte sur son site qu'un* Évangile de Judas *circule sur le marché. « Pas touche ! » prévient-il.*

Dans le même ordre d'idées, Roger Thiede a suivi la voie ouverte par Hedrick et pu constater que ce dernier avait découvert et reconstitué l'un des évangiles apocryphes apparus ces derniers temps[XVI].

Alors la rumeur circule dans les cercles universitaires du véritable contenu de la partie la plus importante du codex. Charles W. Hedrick, professeur à l'université de l'État du Missouri, livre ses commentaires au public. De concert avec son collègue Paul Mirecki, il s'était rendu mondialement célèbre en 1997 en faisant connaître le Papyrus Berolinensis 22220[XVII]. Dans les archives du musée égyptien de la capitale allemande, tous deux avaient déterré les restes de fragments d'un évangile copte (voir Focus, *fascicule 14 de 1997), « E 34 » dans la numérotation d'Hedrick. Aujourd'hui, ce même expert a officiellement déclaré, dans la revue universitaire* Bible Review, *qu'il avait vu des photos des pages d'un autre écrit des plus importants. C'est la première fois qu'il est publiquement fait état de « E 35 ».*

Mémorandum de Roberty : 15 décembre 2000

Le contrat signé par Ferrini et Tchacos n'avait pas été exécuté parce que, le 15 décembre 2000, Roberty, en tant qu'avocat suisse, avait envoyé un mémorandum à un avocat new-yorkais, Eric R. Kaufman, qui les avait reçus au cours d'une réunion où étaient également conviés « Frieda » et « Bruce », vraisemblablement leurs clients respectifs[XVIII]. Mémorandum qui donne le détail des accords conclus par « Frieda » et « Bruce » au cours de cette réunion « dans des circonstances quelque peu tendues ». Il commence par établir que les accords du 9 septembre 2000 « sont désormais caducs ».

Depuis, si l'on s'en réfère à ce mémorandum, Bruce avait « déjà disposé » du traité mathématique et des lettres de Paul et acceptait de les payer 300 000 dollars à Frieda pour le 1er février 2001. Quant au reste des manuscrits, une fondation serait créée pour mettre en œuvre le « projet » :

La réalisation du projet sera confiée à une entité non commerciale, en l'occurrence la fondation Logos officiellement reconnue comme œuvre charitable d'utilité publique, en cours d'homologation selon les critères de la loi suisse.

II... En outre, l'actuelle propriétaire des manuscrits (Frieda) compte faire une donation partielle des manuscrits à la fondation sous la forme de tous les droits sur les manuscrits ou provenant desdits manuscrits, qui seront transférés à la fondation Logos contre cession de 80 % des revenus à venir de la fondation tirés de la commercialisation des manuscrits (soit de l'exploitation des droits dérivés etc., et, en fin de compte, de leur vente – si elle est légalement admise).

*Bruce et Frieda échangeront l'ensemble des manuscrits d'au moins trois textes coptes (*Première Apocalypse de Jacques, Lettre de Pierre à Philippe *et* Évangile de Judas*) ainsi que le* Livre de l'Exode *et les fragments à venir non expressément mentionnés contre deux chèques émis par Bruce, de 1 230 000 dollars chacun – le premier payable le 15 janvier 2001, le second le 15 février 2001.*

Immédiatement après que l'échange décrit ci-dessus aura eu lieu, Frieda établira la fondation Logos en accord avec vous et en conformité avec les principes énoncés ci-dessus. Elle remettra alors les manuscrits à la fondation selon l'engagement décrit au paragraphe II ci-dessus.

Frieda accordera à Bruce la possibilité d'acquérir la moitié des droits à elle cédés par la fondation sur les revenus à venir de la commercialisation des manuscrits contre paiement à elle de près de 1 100 000 dollars (soit 750 000 dollars correspondant à la moitié de la valeur de l'ensemble des manuscrits, plus 330 000 dollars correspondant à la moitié de la valeur du Livre de l'Exode*) et contre la donation à la fondation d'un montant égal à celui qu'elle-même leur aura versé. Cette option restera valide et praticable jusqu'au 30 juin 2001.*

L'objet de la fondation Logos était défini comme suit :

> *La fondation Logos a pour but de sauvegarder et de publier l'*Évangile de Judas *et autres manuscrits apparentés pour servir la vérité historique et pour générer les fonds nécessaires à cette entreprise autant qu'au dédommagement des dépenses et des efforts consentis par les promoteurs afin de leur procurer un revenu décent.*

L'accord signé à New York imposait également la plus stricte confidentialité, qui semble avoir été de mise à chaque étape du projet jusqu'aujourd'hui.

> *Il est entendu par toutes les parties que ni Bruce ni Frieda ni personne, à part la fondation, ne pourra diffuser ni commercialiser aucune connaissance regardant, concernant ou dérivant des manuscrits. En outre, actuellement et jusqu'à clarification des aspects légaux, il est dans l'intérêt du projet de maintenir le plus grand secret sur son existence.*

Ce qui laisse au seul Roberty la liberté de discuter de ce qu'il veut avec qui il veut, et il semblerait qu'il ne s'en soit pas privé.

Apparemment, Ferrini n'a pas accepté l'offre de partager les revenus de la commercialisation des manuscrits dont serait propriétaire une nouvelle fondation. Par conséquent, son nom ne figure nulle part en regard de cette fondation.

C'est vraisemblablement cette future fondation Logos qui a vu le jour sous le nom de fondation Maecenas, actuelle propriétaire de l'*Évangile de Judas.*

Dernières nouvelles... « Bruce en fuite »

Michel Van Rijn raconte ce qui s'est passé à la suite de cette réunion à New York[XIX]. Roberty et lui avaient déjà travaillé ensemble à plusieurs reprises, si bien que Van Rijn avait prévenu l'avocat des informations qu'il comptait diffuser sur son site à propos de l'*Évangile de Judas*. C'est ainsi qu'on put y lire ce qui semblait correspondre à une ébauche, révisée par Roberty, de ce que Van Rijn lui avait envoyé par e-mail pour approbation, puisque cela commence ainsi : « Michel, que dirais-tu du texte suivant ? » :

> *Crime contre l'humanité... L'inestimable, l'irremplaçable* Évangile de Judas *détourné par le marchand de manuscrits Bruce P. Ferrini (http://www.ferrini.com)*
>
> *Le processus :*
> *L'automne dernier, l'antiquaire basée à Zurich Frieda Tchacos confie d'inestimables papyrus manuscrits, conservés depuis près de vingt ans dans le coffre d'une banque de New York, au « coffre » du marchand de manuscrits Bruce P. Ferrini, situé à Akron, dans l'Ohio. Elle est approchée par un intermédiaire de Ferrini et ne se doute pas qu'à cette époque ce dernier connaît déjà de gros ennuis financiers. La nouvelle n'a pas encore fait le tour de la presse. Ferrini profite de la discrétion du marché de l'art et offre d'aider Frieda « à sauvegarder ces manuscrits pour le bien de l'humanité »...*
>
> *Les papyrus manuscrits sont composés de :*
> *– un codex gnostique en dialecte sahidique contenant*

*l'*Évangile de Judas *disparu et cité dans l'Histoire par le seul saint Irénée, évêque de Lyon (140-200), la* Première Apocalypse de Jacques *et la* Lettre de Pierre à Philippe

– *le* Livre de l'Exode *en grec*

– *des* Lettres de Paul *en dialecte sahidique*

– *et un* Traité mathématique *en grec*

Tous ces manuscrits sont des documents historiques inestimables, comparables à ces découvertes majeures que sont la bibliothèque de Nag Hammadi ou les Manuscrits de la mer Morte *de Qumrân. Ils appartiennent à l'humanité et seront ouvertement gardés et étudiés. Dans ce but, Frieda a établi une fondation publique à laquelle ces manuscrits ont été donnés. Mais, désirant en tirer de l'argent pour satisfaire sa cupidité, Ferrini a expédié les manuscrits au Japon.*

Des procédures légales et des poursuites criminelles sont en cours. Cela prendra un certain temps. Suivant le déroulement des péripéties, vous verrez combien je suis plus efficace avec mon IMPLACABLE ARTNEWS. *Les crimes contre les intérêts culturels essentiels de l'humanité doivent être combattus avec des moyens appropriés. Acheteurs, prenez garde, un marchand irresponsable vend des portions de notre histoire. Vous achetez ? Vous y touchez ? Vous serez poursuivis !*

Le 5 février 2001, Roberty envoyait cet autre e-mail à Van Rijn :

Je vous raconte rapidement ce qui s'est finalement passé : à vrai dire rien du tout. Lundi soir dernier (29 janvier), Eric K(aufman) m'a appelé à plusieurs reprises pour me confirmer qu'il ignorait à quoi rimait tout ce tapage alors que son client

ne demandait qu'à rendre les manuscrits (à l'exception du Traité mathématique *et des* Lettres de Paul, *qu'il avait déjà vendus et pour lesquels il devait payer 300 000 dollars le 1er février) dès son retour à Akron, le 14 février, du Salon des antiquaires de Palm Beach (ou du Japon ?). Depuis ces coups de téléphone, ni Frieda ni moi n'avons plus reçu de nouvelle d'Eric ni de l'Italo-Sioux (Ferrini) en personne. Demain, nous pourrons vérifier auprès de la banque si la somme de 300 000 dollars y a été virée comme promis ! ? Bien entendu, je sais qu'Eric s'est absenté mardi et mercredi et lui savait que je me rendais à Paris jusqu'à vendredi soir.*

Tout cela pour dire que j'aimerais maintenir la pression sur BF tant qu'il n'aura pas rempli sa promesse (ou plutôt celle de son avocat). Par conséquent, la meilleure et sans doute unique nouvelle à ce jour de « Bruce en fuite » n'est que la pure vérité : grâce à « l'implacable art news », des contacts prometteurs ont été établis entre les avocats des parties concernées et, avec un peu de chance, BF tiendra parole (ou plutôt celle de son avocat) en nous retournant les manuscrits pour les 14/15 février 2001.

Le 7 février 2001, nouvel e-mail de Roberty à Van Rijn :

À présent, je sais que vous possédez non seulement un troisième œil mais aussi une troisième oreille : hier, juste avant de partir pour la réunion avec Eric, j'ai trouvé dans ma boîte aux lettres votre message prophétique sur ce qu'il dirait et proposerait. Vous aviez raison sur toute la ligne !

Je ne comprends toujours pas très bien ce que veut vraiment Bruce, à part réaliser l'affaire de sa vie, c'est-à-dire vendre les *manuscrits (*Lettres de Paul *et* Traité mathématique*) de même que quelques objets d'art, ainsi qu'exploiter et peut-être vendre les importants manuscrits sans avoir à les payer. La parfaite attitude d'un escroc professionnel et d'un voleur...*

À notre réunion, trois sujets essentiels ont été traités :

1. qui vous passe les informations

2. le paiement en souffrance de 300 000 dollars pour les manuscrits déjà vendus

3. le refus de restituer les autres manuscrits.

1. Dans le but de déterminer d'où provient la fuite, Eric a suggéré à Bruce de fournir trois informations différentes, aussi fausses l'une que l'autre, à trois sources possibles. Méfiance !

2. Le paiement en souffrance est dû à une confusion avec des affaires traitées entre Bruce et Bill Veres. Bill assure que Bruce lui doit de l'argent et prétend avoir versé à Frieda, au nom de Bruce, 90 000 dollars (ce qui est faux !), tandis que Bruce soutient que Bill lui doit beaucoup d'argent. Bill a présenté Bruce à Frieda et se prétend son associé. En même temps, il jure qu'il se sent responsable du pétrin où elle se trouve. Pour des raisons complètement indépendantes de Bruce, Bill doit à celle-ci environ 150 000 dollars. Toutes ces incohérences ne sont en fait que du baratin de Bruce pour ne rien payer. Au fait, il affirme que le prix de vente négocié par Sam Frogg n'était pas de 900 000 dollars et que l'acheteur n'était pas Thompson.

3. Puisque, dans votre dernière communication, vous assurez avoir reçu une demande d'aide de la part des autorités égyptiennes, Eric prétend que Bruce ne pourra plus rendre les manuscrits sans risquer des ennuis avec les douanes améri-

caines ! Pur baratin, encore une fois ; il nous aurait présenté ce genre d'argument même si vous n'aviez pas mentionné les autorités égyptiennes. D'après ce que j'ai pu apprendre et lire, je puis affirmer que, selon les termes juridiques (en l'occurrence la loi égyptienne n° 215 du 31 octobre 1951), il n'existe aucune possibilité de revendication de la part de ce pays. Bien sûr, ceci n'exclut pas une action à titre purement politique...

Nous examinons à présent les options qui nous restent. Il y aura sans doute une autre réunion vendredi après-midi en la présence de Bruce.

Je vous tiens informé.

Il semblerait que la fondation Maecenas, dont l'unique objet est de commercialiser l'*Évangile de Judas* ainsi que d'autres textes moins sensationnels, ait connu des débuts difficiles puisqu'elle ne pouvait prendre possession des manuscrits en question. Ce qui a vraiment transpiré de l'histoire (Japon ? procédures légales ?) n'est pas clairement établi mais les manuscrits ont été finalement rendus à la toute nouvelle fondation Maecenas.

Impossible de déterminer le temps que cela aura finalement pris. Voici un commentaire de Thiede, laissant entendre que la chose a traîné jusqu'en 2002[XX].

En 2002, elle envisage encore de morceler le codex. Il devrait revenir, pour deux fois 750 000 dollars, au marchand d'art américain Bruce Ferrini, d'Akron, dans l'Ohio. Cela ne donne rien. Au lieu de quoi, Maecenas doit être bientôt reconnue comme la nouvelle propriétaire des restes d'un livre bien maltraité.

La seule chose que cet étrange commentaire de Thiede semble avoir en commun avec l'accord conclu à New York, est l'évaluation de l'ensemble du codex gnostique à deux fois 750 000 dollars, soit une valeur totale de 1 500 000 dollars. Il se peut que certaines contraintes légales prises à l'encontre de Ferrini l'aient amené à choisir entre le paiement immédiat des manuscrits ou leur restitution à Roberty. Étant donné qu'il avait des ennuis d'argent, il a fini par les rendre.

« Provenance pourrie » : fouilles illégales et contrebande

Michel Van Rijn prétend avoir été le premier à révéler l'exportation illégale d'Égypte de l'*Évangile de Judas*, ce qui dès lors impliquait l'agrément de la fondation Maecenas de le restituer à ce pays après publication. Mais cela ne se fit pas automatiquement, ainsi que l'explique Van Rijn avec une amère satisfaction[XXI] :

> *L'antiquaire zurichoise Frieda (Nussberger) Tchacos, propriétaire de la prestigieuse galerie Nefer, est revenue à ses vieux démons. Malgré sa promesse solennelle, après dénonciation sur mon site Web, de restituer à l'Égypte l'inestimable pièce historique que constitue l'*Évangile de Judas, *acquise illégalement, la voici qui négocie aujourd'hui une vente éventuelle à un marchand de manuscrits américain. Nous suivons l'affaire et vous tiendrons informés. Si Frieda continue, nous exami-*

nerons ici toutes ses transactions passées afin de mettre en pièces ce qui lui reste d'une réputation déjà bien entachée.

Par la suite, Van Rijn reviendra sur sa réussite[XXII] :

*En 2001, ce portail a révélé pour la première fois l'existence et le contenu de l'*Évangile de Judas *pillé et saccagé, ainsi que les diverses magouilles qui ont fini par le rendre invendable. L'action de ce portail a forcé les coupables qui s'étaient emparés de l'évangile perdu à le rendre à son pays d'origine, l'Égypte, et à aller voir ailleurs pour tirer profit de leur trésor illégalement acquis. Bien que rarement crédités dans la presse pour les bons résultats que nous obtenons... nous avons l'immense consolation de constater que notre action a mené à la promesse que ce document historique serait rendu à l'Égypte, qui saura le sauvegarder pour la postérité.*

Van Rijn est très fier de ses scoops sur le monde de l'art et c'est sur son site que la nouvelle de l'existence d'un document extraordinaire est apparue pour la première fois – du moins au-delà des cabales de marchands et des limites de la communauté universitaire. En 2001, il révélait que l'*Évangile de Judas Iscariote* – disparu depuis au moins mille huit cents ans – se colportait parmi les antiquaires à travers deux, voire trois continents. Ce n'étaient pas tout à fait les *Manuscrits de la mer Morte*, mais presque. Et si ce testament de Judas, celui qui a trahi Jésus, allait bouleverser la religion chrétienne ? Selon Van Rijn, ce texte affirme que Judas avait agi en accord avec Jésus pour le trahir et, donc, pour provoquer sa crucifixion, son calvaire (par conséquent, pour les croyants, sa résurrection), posant ainsi les fondations du christianisme qui allait largement s'appuyer dessus. « Oubliez le *Da Vinci Code*, dit Van Rijn, on passe aux choses sérieuses. »

Le résultat fut bien sûr un sérieux refroidissement dans les relations jusque-là excellentes de Van Rijn et Roberty (qui avait même été son avocat en d'autres circonstances), si l'on en croit le récit de Malcolm Macalister Hall dans le journal britannique *The Independent*[XXIII] :

> *Rares sont les ententes qui subsistent dans les sables mouvants du marché des antiquités, et ces deux-là sont désormais à couteaux tirés. « Van Rijn et Roberty, sont comme Sherlock Holmes et Moriarty : des ennemis mortels », rapporte l'un des plus importants antiquaires de Londres. Dans cette querelle, Van Rijn aura fait tout ce qu'il pouvait pour discréditer la provenance de l'*Évangile de Judas *– dans le but, dit-il, de le rendre invendable. Il est maintenant fier comme Artaban que la fondation Maecenas ait promis de restituer le manuscrit à l'Égypte – au musée Copte du Caire – après plusieurs tentatives infructueuses de le vendre, ainsi que d'autres papyrus, aux États-Unis pour la somme de 2,5 millions de dollars. Van Rijn assure que ses diverses interventions sur son site Web, depuis quelques années, ont détruit toute possibilité de monter une affaire.*

Le mémorandum de Roberty, daté du 15 décembre 2000, citait le nom du premier possesseur dans une clause remettant en cause le titre légal :

Dans le but de poursuivre notre projet avec tout le sérieux requis, nous devons d'abord établir que M. Hana A. Airian avait obtenu un titre légal sur les manuscrits et qu'il avait le droit de vendre ces documents à Frieda.

Étant donné que nul n'avait vu ce titre légal, Frieda avait pu invoquer cette raison ou cette excuse pour ne pas aller plus loin, ainsi que le rapporte le journaliste hollandais Henk Schutten[XXIV] :

Il s'agit d'abord de savoir pourquoi les manuscrits sont restés cachés si longtemps après leur découverte. Personne ne voulait s'y brûler les doigts, à en croire Bruce Ferrini, marchand d'art d'Akron, dans l'Ohio. Lui-même s'était vu proposer les documents en 2000 par Frieda Tchacos, galeriste de Genève qui avait acheté ces documents l'année précédente...

Le problème c'est la « provenance pourrie », l'origine obscure. Tchacos et Roberty ont raconté à Ferrini que les livres avaient été découverts par des paysans durant les années 1970, dans un coffre de pierre, à Megaga, en haute Égypte...

Ferrini : « Frieda m'a dit que les documents avaient été obtenus par un marchand grec, Nikolas Koutoulakis, qui les avait sans doute volés à Hannah, un bijoutier égyptien. Koutoulakis les aurait passés en contrebande jusqu'à Genève. Frieda prétend que Hannah l'y avait suivi pour lui réclamer son bien. Un prêtre copte l'aurait ensuite accompagné à New York où les documents ont été conservés dans un coffre de la Citibank à Hicksville. Ils y sont restés jusqu'à la fin des années 1990, au moment où Frieda les a achetés. »

La « provenance pourrie » peut également avoir constitué une des raisons qui ont fait échouer l'accord du 19 septembre 2000, dans la mesure où il présupposait un titre de propriété légal.

Cette histoire de contrebande permettrait aussi de comprendre ce commentaire sibyllin de Thiede[XXV] :

Qui a finalement payé quoi à qui, nul ne le sait, pas même l'expert quinquagénaire Michel Van Rijn, qui vit à Londres. Son coriace site Internet « artnews » (devise : « l'art(gent) n'a pas d'odeur ») passe pour dénoncer les malversations de toutes sortes de trafiquants d'art à travers le monde.

Néanmoins, son site laisse assez clairement entendre que Nussberger a réussi un tour de passe-passe juridique. Il faudrait lui pardonner ses longues années de coups tordus avec un mafioso du Nil, trafiquant d'art aujourd'hui emprisonné. Madame va recevoir un certificat qui devrait la blanchir tout en la protégeant des poursuites égyptiennes pour exportation illégale d'objets d'art.

Pour ce faire, est-ce Nussberger ou Maecenas qui a dû promettre de restituer le livre officiellement à l'Égypte ? À vrai dire, des engagements équivalents sont formulés dans une publication de la fondation en des termes plus que vagues.

Les commentaires de Michel Van Rijn vont dans le même sens[XXVI] :

La « propriétaire » actuelle – la Zurichoise Frieda Nussberger-Tchacos – a passé un accord avec le gouvernement égyptien, selon lequel elle était absoute de toute tentative de pillage de ce pays. Mais, au contraire de Judas, elle a exigé un peu plus de trente pièces d'argent. Après tout, Frieda était l'un des principaux clients de Tarek El-Sweissi (fonctionnaire égyptien condamné en 2003 pour contrebande d'objets d'art), ce dernier pourrissant, aujourd'hui et pour les trente années à venir, sur la paille humide d'un cachot égyptien.

Ce qui devrait amener à remettre en question les nobles idéaux utilisés pour expliquer la promesse de restituer les manuscrits à l'Égypte.

La commercialisation de l'*Évangile de Judas*

Le fait que le manuscrit n'ait pu être vendu contre espèces sonnantes et trébuchantes mais destiné à retourner en Égypte a fait du contenu de l'*Évangile de Judas* un chemin pavé d'or. Ainsi que l'explique Roger Thiede[XXVII] :

Visiblement, les Suisses voient leur salut dans une exploitation rapide du codex dans la presse. L'un d'eux laisse entendre que la restauration soignée a été confiée aux meilleurs experts. Pour la rédaction des textes universitaires, on avait engagé le plus grand ponte de la littérature copte-sahidique, Rodolphe Kasser, professeur honoraire à Genève et star incontestée de la discipline.

Il faut sans doute attribuer à cette stratégie qui consiste à tirer le maximum d'argent d'une dramatisation du texte, à défaut de vendre le papyrus lui-même, le souci de garder son contenu secret jusqu'au moment de sa publication, au lieu de briser le suspense en organisant des fuites dans la presse[XXVIII].

Enquêtes supplémentaires inutiles. Pour la suite, on reste couvert. La galerie zurichoise Nefer n'existe plus aujourd'hui. Même ses habitués ne savent pas où se cache son ex-propriétaire. Mais c'est toujours elle qui tire les ficelles. En tout cas, la chose est certifiée par des experts cités comme coauteurs de la première édition, même s'ils ne peuvent s'exprimer là-dessus, car ils sont tenus au silence.

Thiede explique[XXIX] :

Étant donné que le « nouveau » texte n'est toujours pas publié – à cause de son contenu provocateur – et que le tandem Maecenas-Roberty se plaît à ne reconnaître que la dernière page (qui circule sur Internet) comme faisant partie de son manuscrit, on n'en finit plus de gloser.

Histoire d'expliquer qui est Roberty, Thiede entre dans les détails[XXX] :

Le manuscrit de Judas appartient, après les toutes dernières transactions, à la Maecenas Stiftung für antike Kunst suisse. Elle organise des fouilles archéologiques et conseille les constructions de musées. L'institution est dirigée par l'avocat bâlois Mario Jean Roberty, qui s'est déjà souvent investi dans des événements culturels. Il fut le conseiller juridique du musée japonais Miho et a permis la restitution de nombreuses anti-

quités à l'Égypte. Sa politique d'information des plus restrictives sur le livre de Judas est sévèrement critiquée.

Une découverte en pleine détérioration

L'histoire alambiquée du trafic de l'*Évangile de Judas* s'imprègne d'intrigues, d'avidité et de drames à mesure que le texte passe de main en main, de frontière à frontière. Toutes ces pérégrinations ont malheureusement eu des conséquences désastreuses pour l'antique manuscrit.

La taille de ce codex du IVe siècle, le nombre de feuillets qu'il contenait à l'origine, n'a évidemment rien à voir avec le nombre de feuillets qui sont parvenus jusqu'à nous, bien que ces deux questions tendent parfois à se confondre. Commençons par le nombre de feuillets qui ont traversé les siècles et nous passerons ensuite au nombre de feuillets qui avaient constitué le codex original et au problème de savoir combien peuvent avoir été utilisés pour copier l'*Évangile de Judas* ; ce qui nous permettra d'estimer la longueur initiale du traité au double du nombre de pages (recto-verso).

Certes, il existe différentes façons de compter le nombre de feuillets subsistants dans un codex aussi fragmenté. À partir de quand peut-on considérer qu'un fragment devient un feuillet ? On pourrait par exemple se dire, devant un morceau de plus d'un demi-feuillet, qu'on n'a plus affaire à un fragment mais à un feuillet. Néanmoins, dans certaines des transcriptions et traductions qui ont secrètement circulé parmi les experts, il se pourrait qu'une « page » n'ait été transcrite qu'à partir des segments de huit lignes seulement. Ni le début ni la fin de ces lignes ne subsistent plus, mais seulement le milieu. Ce *fragment de feuillet* mesure à peine trois centimètres de haut et moins de trois de large. On peut reconnaître quelques mots formés parmi les lettres subsistantes sans pour autant en tirer de phrase cohérente. Si un mot tel que *Jésus* ou *Judas*, ou *Allogène* apparaît, parfait ! Mais on a rarement une telle chance. Alors : s'agit-il d'un *fragment* ou d'un *feuillet* ? Considérant ce qui est parvenu jusqu'à nous, on peut avoir davantage de documentation pour un feuillet qui n'a pas survécu qu'un feuillet rescapé en lui-même. Si les quelque trente « feuillets » du codex gnostique étaient toutes dans cet état, on pourrait lui dire adieu ! Heureusement certains, avec un peu de chance la plupart, sont beaucoup plus proches de l'intégralité. Mais il ne faut pas oublier les problèmes inhérents au simple établissement d'une liste du nombre de « feuillets » conservés.

Le point de départ de toute estimation ne peut se baser que sur le rapport de Steve Emmel cité dans le chapitre 4 :

> *L'absence de la moitié de la reliure, et le fait que la numérotation des pages s'arrête à 50 m'amènent à supposer que la deuxième moitié du codex est manquante ; seul un examen plus approfondi pourrait confirmer ou infirmer cette supposition* [...]. *Les numéros de pages étaient centrés au-dessus de l'en-tête et décorés de courtes rangées de chevrons au-dessus et en dessous. Les pages 1 à 50 au moins sont représentées par*

de substantiels fragments qui, une fois rassemblés, formeront des feuillets complets avec leurs quatre marges intactes.

Schutten cite Emmel[XXXI] :

Le nombre de pages s'élevait à soixante, alors que la plupart des codices de papyrus en comptent à peu près le double. Ce qui me permit de conclure qu'il devait en manquer la moitié.

Emmel songeait alors évidemment aux *Codices de Nag Hammadi*, dont bon nombre comptaient plus de cent pages.

Ferrini raconte qu'à cette époque plusieurs feuillets avaient été soustraits du lot pour être vendus à part, si bien que l'estimation d'Emmel de 1983 ne correspond plus à l'état présent du manuscrit[XXXII] :

Ferrini soupçonne qu'entre-temps plusieurs pages isolées du manuscrit ont été mises sur le marché. « Quand j'ai vu l'œuvre pour la première fois, en 1999, il n'en restait que vingt-cinq pages intactes, donc il devait en manquer au moins la moitié. Je ne suis pas du tout certain que le manuscrit ait été trouvé incomplet ou qu'il s'agisse tout simplement d'un texte inachevé. Mais, de temps en temps, de nouvelles pages apparaissaient. Cinq ou six documents différents au total, sans numérotation de page, une vraie pagaille. »

Sans compter l'intervention de Mia, responsable d'une partie des pertes. Thiede avait dit à ce sujet :

De larges extraits atterrissent dans le sac de Mia et s'évaporent pour un bon moment. C'est ainsi que tout un feuillet est perdu à jamais.

Et Van Rijn de paraphraser : « Mia avait fini par voler quelques pages. » (On ignore s'il faut ou non donner foi à ces détails quelque peu sensationnels pour la reconstitution de l'histoire.)

Au sujet des fragments, Hedrick fit part d'un détail alarmant[XXXIII] :

Il [Ferrini] *m'a dit avoir payé ce codex puis ensuite, sa provenance s'étant vue remise en question, avoir réclamé le remboursement de la somme versée et avoir rendu le codex à la personne qui le lui avait vendu* [...], *furieuse, cette dernière avait alors flanqué le manuscrit sur la table et de minuscules pièces de papyrus s'en étaient envolées dans tous les sens. Avant de partir, la personne avait repris le codex en déclarant qu'elle finirait par le brûler.*

Par la suite, Hedrick clarifiera ce détail d'importance[XXXIV] :

À mon sens, la personne qui a flanqué le livre sur la table n'était pas Frieda mais aucun nom n'a été cité. Frieda n'aurait jamais menacé de brûler le livre sous prétexte qu'elle ne pouvait en tirer le prix demandé, je ne le crois pas.

Je suis d'accord avec Hedrick : Frieda est une femme d'affaires bien trop avisée pour envisager de brûler un objet d'une telle valeur. Mais elle est aussi assez bonne femme d'affaires pour asséner ce genre de déclaration spectaculaire pendant une négociation !

Quant au nombre de pages indiqué sur l'en-tête, Hedrick déclare, en se fondant sur ses photos[XXXV] :

> *Je n'ai pas le haut de la dernière page de Judas, et donc pas son numéro... Il y a un en-tête sur lequel je lis « 60 ».*

Cependant, le nombre de feuillets subsistants peut fort bien avoir été moins grand que le numéro de page le plus élevé observé. Hedrick raconte[XXXVI] :

> *À une époque, j'ai entendu dire* [par Ferrini] *que le codex tout entier ne comportait que cinquante pages.*

Cette déclaration de Hedrick peut servir à corriger le rapport de Schutten cité ci-dessus, où Ferrini disait qu'il ne restait que vingt-cinq pages. Sans doute faut-il y voir la fréquente confusion entre d'une part le *feuillet*, pièce de papyrus à deux faces et donc à deux pages pour un livre, et d'autre part la *page*, qui ne se réfère qu'à une face du feuillet. Ferrini peut avoir compté vingt-cinq *feuillets* et déduit à juste titre que cela donnait cinquante *pages*, ainsi qu'il l'a déclaré à Hedrick.

Pourtant, Schutten a poursuivi son rapport sur Ferrini en mentionnant : « donc il en manquait au moins la moitié ». Ce qui permet de supposer qu'il entendait ce dernier parler de pages plutôt que de feuillets, ramenant cinquante pages à vingt-cinq. Ceci pourrait-il constituer une confusion avec le rapport d'Emmel ? Schutten avait raconté qu'Emmel parlait d'un nombre de pages qui « s'élevait à soixante » mais craignait qu'il n'en manque « la moitié ». Évidemment, Emmel voulait dire que le codex pouvait bien avoir compté cent vingt pages à l'origine mais que seulement la moitié, qui « s'élevait à soixante », était parvenue jusqu'à nous. Schutten aura dès lors concilié les deux rapports du mieux possible, mais en commettant une erreur. Bien sûr, tout ceci n'est que spéculation. Une seule conclusion s'impose : Ferrini avait l'impression que le total vu par Emmel avait considérablement diminué.

Hedrick se fonde sur ce qu'il voyait sur les photos reçues de Ferrini[XXXVII] :

> *Tâchez de vous représenter cette infernale pagaille. Vous ne disposez que d'un tas (pas deux où l'on aurait un livre ouvert bien propre, avec quelques feuillets à droite et à gauche). L'en-tête contenant le numéro de page surmonte certaines feuillets mais, à cause des trous dans la pile (trous qui semblent se répéter sur tout l'ensemble) et à cause du désordre où se trouve cette pile, il est impossible de dire quel en-tête va avec quelle pièce de papyrus et correspond à quel pied de page. Je ne puis déchiffrer le texte à partir de mes mauvaises photos numériques, à l'exception de quelques lettres par-ci par-là ; quant à lire à même les fibres, c'est impossible. Néanmoins, il existe clairement des en-têtes.*

Par la suite, il explicite encore ses propos[XXXVIII] :

> *Il n'existe qu'une pile de feuillets l'un au-dessus de l'autre. Je vois trois trous dans la pile. L'un est situé à peu près au premier tiers du début. Il y a des en-têtes sur certaines pages*

et le numéro de page « 60 » en copte est clairement distinct. (Je n'ai pas trouvé d'autres numéros de pages.)

Bien entendu, le commentaire entre parenthèses d'Hedrick signalant que les « trous semblent se répéter sur tout l'ensemble », fait penser à la scène d'arrachage des manuscrits avec Mia, lorsque les personnages de cette histoire se battaient littéralement autour du codex, au point de l'avoir peut-être déchiré en deux (ou en quatre) !

Kasser avait demandé à Hedrick de lui rendre ses photos, dans l'espoir d'y découvrir des textes qui lui manquaient parmi les papyrus. Hedrick raconte[XXXIX] :

Kasser parlait de fragments complètement absents de ce qu'il avait entre les mains. Il me demandait plus précisément trois pieds de pages qu'il avait identifiés parmi les photos que je lui avais envoyées et qu'il n'avait pas trouvés dans le matériel en sa possession. Je pensais toutefois qu'il s'inquiétait également pour des en-têtes.

Soixante-deux pages existantes ?

Pöhner avait écrit : « Le livre contient soixante-deux pages[XL]. » Thiede avait publié une photo de la page avec son titre en légende, l'*Évangile de Judas*, parfaitement visible, aussi bien que ses annotations[XLI].

Dans le manuscrit, à la fin de la page 62, placées l'une sous l'autre, les mentions du titre : « Évangile » et « Judas ».

> *La photo circulant sur le Web montre, d'après les informations fournies par le propriétaire du codex, « la dernière page du manuscrit qui est en sa possession ».*

Ensuite, la première ébauche de traduction de cette page par Hedrick est transcrite en allemand, avec cette annotation[XLII] :

> *Toutes les lettres de la p. 62 ne sont pas déchiffrables ; texte selon C. Hedrick.*

Comment sait-il qu'il s'agit de la « p. 62 » ? Ou, si l'on veut poser la question plus prudemment (puisque ce n'est vraisemblablement pas la p. 62) : d'où provient ce chiffre 62 ? Une possibilité : si on prend au pied de la lettre le commentaire « un feuillet est perdu à jamais », et qu'on suit la chronologie de Thiede selon laquelle l'histoire croustillante a précédé la visite « d'évaluateurs des meilleures universités américaines », alors on peut supposer qu'il y avait au départ deux pages de plus que celles vues par Emmel. Dès lors, si on prend au pied de la lettre la version Schutten du mémoire d'Emmel, selon lequel le nombre de pages « s'élevait à soixante », plutôt que le rapport écrit de ce dernier, « les pages 1 à 50, au moins, sont représentées par de substantiels fragments », on pourrait poser comme principe (sans doute à tort) que, lorsque Emmel les a vues, il y avait en fait soixante pages, plus les deux déjà perdues dans la bagarre. De telle sorte qu'on atteint un total de soixante-deux pages. Ainsi, si le titre « Évangile de Judas » se trouve sur la dernière page, celle-ci serait la numéro 62. Eurêka ! On en arrive à la pagination répertoriée (très probablement à tort) par Pöhner et Thiede ! Qui semblent alors supposer que ce nombre de pages peut également s'appliquer au nombre de pages subsistantes.

Certes, un spécialiste rigoureux n'aurait pu prétendre effectuer ce genre de calcul. Car, à vrai dire, Emmel n'avait pas la possibilité physique de compter trente feuillets. Les papyrus en miettes étaient trop fragiles pour qu'il puisse les manipuler. Quelqu'un d'autre aurait-il dénombré ces soixante-deux pages ? Ou Pöhner avait-il juste conclu que deux d'entre elles avaient été soustraites en se fiant au récit de Thiede et en avait-il ajouté deux au commentaire de Schutten pour qui le total « s'élevait à soixante » ? Sans doute n'était-ce qu'une version confuse du rapport d'Emmel à Schutten mais, de toute façon, celui-ci ne prétendait pas détenir la vérité. C'est un homme très méticuleux qui n'aurait avancé une donnée que s'il possédait des chiffres exacts. En outre, on peut se demander pourquoi cette explication de la « p. 62 » alors que Thiede publiait son article bien après celui de Pöhner !

Hedrick a trouvé une référence à la page numéro « 60 » sur l'en-tête d'une page. Mais comme la page contenant le titre « Évangile de Judas » ne comporte pas d'en-tête, il est difficile d'imaginer que le feuillet qui la précède immédiatement arbore un en-tête présentant la pagination 59-60. En général, des feuillets voisins offrent un profil similaire en dégâts et détériorations. Pour cette raison, la page numérotée 60 ne se trouvait sans doute pas immédiatement sous le feuillet qui avait perdu son en-tête, mais sous celui qui affichait le titre « Évangile de Judas » à la fin.

Bien sûr, tout reste possible tant qu'on ne possède aucune information concrète. Néanmoins, on ne devrait pas se référer à une pagination en relation avec le titre « Évangile de Judas ». Et la page numéro « 60 », à plus forte raison la pagination fantaisiste « 62 », ne nous informent en rien sur le nombre de feuillets parvenus à l'époque où Emmel les a vus, ou qui subsistent encore aujourd'hui.

L'étendue des pertes depuis 1983

On ne possède aucune description exhaustive de ce qui a été perdu depuis la découverte du codex en 1983. Il y a quelques années, Roberty se serait montré plutôt pessimiste sur ce point[XLIII] :

> *Roberty entretient le fol espoir qu'un jour apparaîtra une autre copie de l'*Évangile de Judas *car celle que possède la fondation Maecenas n'est complète qu'à 65 ou 70 %. « Nous supposons que certains fragments traînent encore sur le marché ici et là, mais je crains qu'un quart du manuscrit ne soit perdu à jamais. »*

Pourtant, le commentaire de Thiede selon lequel les fragments de Mia « se sont évaporés pour longtemps » titille encore l'imagination : cela signifierait-il qu'ils n'ont pas disparu à jamais ? Henk Schutten a raconté que Michel Van Rijn avait participé aux recherches des fragments perdus et que, à cette occasion, Roberty et lui s'étaient réconciliés[XLIV] :

*Mais, dernièrement, ils réglèrent leurs différends. Van Rijn alla jusqu'à mener quelques recherches pour la fondation Maecenas concernant les fragments disparus de l'*Évangile de Judas*, non sans quelque succès, paraît-il. « Roberty m'a proposé de faire office de consultant sur le projet », dit Van Rijn : « On me paierait 50 000 livres sterling et des parts dans la fondation. Mon nom serait aussi mentionné parmi les découvreurs du manuscrit. »*

Ce que Roberty a confirmé[VL] :

*Mario Roberty certifie que Michel Van Rijn a travaillé pour la fondation Maecenas. « Van Rijn devait nous trouver des informations sur les fragments perdus de l'*Évangile de Judas. *Il a reçu une rétribution de 50 000 livres. »*

Plus tard, dans son interview avec Stacy Meichtry, les 13-14 février 2006, Roberty fournit davantage de détails sur les dégâts, ainsi qu'une estimation plus optimiste de ce qui a survécu[VLI] :

Vous allez voir, c'est dans un état épouvantable... À première vue, les évaluations initiales étaient pour ainsi dire désespérées.

Il s'agissait de reconstituer un véritable puzzle. C'était très pénible et ça risquait de durer longtemps.

Chaque page est mise sous verre. Elle est incroyablement fragile et en mauvais état. Je n'en revenais pas de les voir encore capables de travailler sur un matériel aussi détérioré.

Quant à l'ordre original des pages, Roberty admet :

On ne l'a pas reçu dans l'ordre, mais ils pensent avoir trouvé maintenant le bon agencement. De petits fragments qu'on ne savait pas où placer...

Pour la numérotation des pages, Roberty déclare :

Oui, elle existe, mais juste sur l'en-tête. L'ensemble est coupé en plusieurs parties et les pieds de pages ne peuvent être systématiquement associés aux en-têtes. Il faut s'en tenir à la structure des fibres et au contenu du texte.

En ce qui concerne les fragments, Roberty raconte :

Des chasseurs de souvenirs ont mis la main dessus. On en a récupéré une partie.

La référence à certains fragments « en partie récupérés » ne laisse pas d'intriguer, d'autant que, depuis, d'autres ont mentionné que certains morceaux avaient rejoint l'ensemble, grâce à Van Rijn semblerait-il. Il semblerait également que certains fragments aient été rachetés. Raison pour laquelle Roberty, dans sa plus récente interview, a justifié un retard dans la publication de l'édition critique comme suit :

> [...] *parce que de nouveaux fragments ont continué de surgir ces derniers temps. C'est pourquoi il y aura – pour une publication complète du codex – du retard.*

Roberty fournit un dernier rapport encourageant sur ce qui a déjà été assemblé : « 85 % du texte principal ». Ce qui, somme toute, apparaît infiniment meilleur que son rapport initial. Les choses ont dû mieux tourner qu'il ne le craignait.

Le nombre de pages dans le traité

Quand on cherche à fournir une estimation de la longueur originale du texte de l'*Évangile de Judas*, la question du nombre de pages du codex qui le contenait se pose de différente façon : quelque documentation que l'on possède pour un feuillet de ce traité, elle suffit à indiquer que les deux pages de ce feuillet doivent être incluses dans le calcul de la longueur originale de l'*Évangile de Judas*.

Emmel a identifié trois traités dans le codex. Comme il n'a pas effectivement compté du bout des doigts les trente feuillets, à la recherche de titres de traités et autres, on n'a aucun moyen de savoir si d'autres traités peuvent s'être trouvés dans le codex, qu'Emmel les ait remarqués ou non. Nous parlons donc de la présence de trois traités dès lors que nous ne savons pas si d'autres existent. Deux ont leur parallèle dans la bibliothèque de Nag Hammadi, ainsi leur longueur est-elle connue. La *(Première) Apocalypse de Jacques* (Codex V,

Traité 3, 24, 10-44, 10) comporte vingt et une pages. La *Lettre de Pierre à Philippe* (Codex VIII, Traité 2, 132, 10-140, 27) ne fait qu'un peu plus de neuf pages. Ce qui nous donne un total d'environ trente pages.

Bien sûr, la longueur du texte trouvé sur une page donnée varie en fonction de la dimension des feuillets, de celles des marges de papyrus, de la taille de l'écriture du copiste, de l'espace entre les lignes, etc. Cependant, comme le manuscrit est d'une taille comparable [*Steve Emmel : « approximativement 30 cm sur 15 cm*[VLII] *»*] à celle des *Codices de Nag Hammadi*, cette comparaison brute sera pratique. Si les deux traités connus occupaient la moitié de ce qui « s'élevait à soixante » pages, cela laisserait assez de place pour que le nombre des pages de l'*Évangile de Judas* se soit élevé à trente.

On peut aussi rappeler le commentaire d'Épiphane : « une œuvre brève ». De son temps, un livre aurait plutôt eu la taille d'un évangile canonique, c'est pourquoi on peut sans doute en déduire que l'*Évangile de Judas* était plutôt de la taille de l'*Évangile de Marc* que de ceux, plus conséquents, de Matthieu, de Luc et de Jean. Bien sûr, il existait des œuvres beaucoup plus longues, comme le *Traité tripartite* de Nag Hammadi (Codex I, Traité 5), de quatre-vingt-huit pages, et *Zostrien* (Codex VIII, Traité 1), de cent trente-deux pages. Toutefois, dans la bibliothèque de Nag Hammadi, ils constituent plus l'exception que la règle. Mais si « les pages 1 à 50, au moins, sont représentées par des fragments substantiels », il peut y avoir moins de trente pages de l'*Évangile de Judas* qui sont parvenues jusqu'à nous sous forme de « fragments substantiels », surtout quand on considère les dégâts et les pertes survenus depuis que Steve Emmel les a vues.

Thiede, bien entendu, nous donne davantage « d'informations » (ou de spéculations)[VLIII] :

> *Le document de Judas occupe pleinement la moitié des soixante-deux pages marquées du livre, le reste consistant en deux autres écrits.*

Nous pouvons bien sûr espérer qu'il ne se trompe pas, mais il n'existe aucune raison de croire qu'il possède une information aussi précise.

Étant donné que l'*Évangile de Judas* était perdu depuis près de mille huit cents ans, sa découverte et sa vente constituent une histoire des plus colorées, grouillant de contrebandiers, d'antiquités vendues au marché noir, d'experts religieux, d'associés qui se tirent dans le dos et d'entrepreneurs avides qui se rencontrent secrètement sur deux décennies, par-delà les frontières de deux ou trois continents. C'est une histoire digne du mythe qui entoure ce disciple si célèbre. Mais que va nous révéler cet *Évangile de Judas* perdu et retrouvé ? Une fois restauré et publié, va-t-il disculper Judas ? Va-t-il bouleverser le christianisme ? Nous allons à présent nous pencher sur ces questions dans le prochain chapitre où je vais essayer d'expliquer ce qu'impliquent la conservation et l'assemblage de manuscrits si anciens, et de réfléchir sur le sens et la portée de cette remarquable découverte.

– 6 –

PUBLICATION ET SIGNIFICATION DE L'ÉVANGILE DE JUDAS

La bibliothèque Bodmer

Mario J. Roberty écrit à Eric R. Kaufman dans son mémorandum du 15 décembre 2000[I] :

> *L'ensemble du processus de conservation devra se dérouler de préférence dans une institution privée hautement réputée, et disposant des équipements nécessaires en matière de sécurité (par exemple la fondation Bodmer de Céligny). Il devra être confié à des professionnels extérieurs. Ceci devrait garantir le meilleur contrôle possible. La recherche et l'évaluation d'une telle institution seront la première tâche de la fondation.*

La bibliothèque Bodmer, à Céligny, dans la banlieue de Genève, est bien entendu l'établissement suisse le mieux approprié pour le dépôt, la conservation et l'édition d'un tel manuscrit. La maison abrite déjà des papyrus inestimables du IIIe siècle, des copies des Évangiles de Luc et de Jean en grec (p. 66 et p. 75). Elle a été créée pour entreposer les nombreuses acquisitions de son fondateur, l'éminent homme de lettres helvétique Martin Bodmer (qui est également vice-président de la Croix-Rouge internationale). Un certain nombre de manuscrits acquis par ses soins sont en copte[II]. Il y a des années, un jeune pasteur du nom de Rodolphe Kasser fut recruté et chargé de leur publication. C'est pourquoi il aura jugé très commode de retourner comme dans sa jeunesse travailler là-bas, une fois choisi pour préparer l'édition de l'*Évangile de Judas.* Là où il vit, il n'a aucun problème de déplacement.

Je puis vous parler de sa célèbre communication du 1er juillet 2004 à Paris puisque j'y ai assisté. Je suis président honoraire de l'Association internationale d'études coptes, dont c'était le congrès. Et je compte parmi les quelques personnes qui prirent la parole au cours du bref échange de vues qui succéda à l'intervention de Kasser. Je me limitai à faire observer que le manuscrit avait été vu en 1983 par Stephen Emmel (qui était l'organisateur du congrès, et à qui je venais précisément de donner mes photos à peine lisibles de quelques-unes des pages) ; j'ajoutai que la découverte avait été annoncée à la communauté scientifique dès 1984.

Le nom de Rodolphe Kasser fournit l'occasion à Michel Van Rijn de faire de l'humour – il est vrai qu'il ne se priverait pour rien au monde du plaisir de forger un calembour, que la situation s'y prête ou non[III]. C'est ainsi qu'il ne put s'empêcher de faire allusion au mot allemand pour « caisse enregistreuse », *Kasse* :

Ils attendent sa publication, avec transcription complète évidemment, grâce à l'argent de Frieda et les bons soins de Kasse... pardon, Kasser. Bref : la maison Cash & Kasser espère bien publier le manuscrit...

Passons : Michel Van Rijn aurait pu faire pire. Mais quant à soupçonner Kasser de vouloir faire de l'argent, c'est mal le connaître. Et je le connais bien. Nous avons travaillé ensemble pendant des années, plusieurs semaines de suite à chaque fois, au musée Copte du Caire. Nous rassemblions les fragments des *Codices de Nag Hammadi* en vue de reconstituer des feuillets et d'en préparer la publication. On travaillait sept jours sur sept, de l'ouverture du musée à la fermeture des portes à 14 heures. Nous habitions le même hôtel, le Garden City House, une pension bon marché tenue par une Italienne fort aimable, Mme Scarzella. L'établissement de cette dame était fréquenté par tellement d'archéologues et de savants qu'elle en affichait la liste tous les jours, pour favoriser la communication entre les chercheurs. Kasser et moi avons donc partagé là nos modestes repas. Je ne l'ai jamais vu se lancer dans de coûteuses dépenses. Ni montrer le moindre intérêt pour l'argent. Il correspondait à l'idée qu'on se fait d'un chercheur timide et reclus.

La National Geographic Society

Michel Van Rijn déclarait sur son site Web, en décembre 2004[IV] :

> *Les gens de la National Geographic s'imaginent que leur plus gros adversaire est le Discovery Channel... erreur ! c'est nous !*
>
> *[...] Ce week-end, la National Geographic Society ira en Suisse filmer et photographier dans une chambre forte les fragments de pages de l'*Évangile de Judas. *Mais que vaut leur « exclusivité mondiale » s'ils ignorent les fouilleurs illégaux, les contrebandiers, les marchands, les gouvernements et les banquiers* [qui] *s'entrepoignardent pour acquérir la propriété de l'évangile ?*

C'est apparemment la première fois que l'implication de la National Geographic dans la saga de l'*Évangile de Judas* fut révélée au public. Cependant l'article ne disait pas ce qu'ils avaient en tête de faire avec ces photos. De toute façon le commentaire de Van Rijn est largement passé inaperçu à l'époque. Il semble que l'on ait d'abord fait prévaloir le voile de mystère qui entourait la découverte et la publication du manuscrit. Jusqu'au jour où j'ai moi-même formellement levé le secret à Philadelphie ; c'était le 20 novembre 2005, lors de la rencontre annuelle de la Société de littérature biblique.

Discrétion extrême

Dans le mémorandum[V] adressé par Mario J. Roberty à Eric R. Kaufman le 15 décembre 2000, il est spécifié à l'article 18 :

Toutes les personnes concernées ont parfaitement compris que nul, en dehors de la fondation, pas même Bruce ni Frieda, n'aura le droit de diffuser ou de commercialiser aucune information sur les manuscrits eux-mêmes, ou découlant de leur existence. Plus, pour l'heure et tant que les aspects légaux de l'affaire n'auront pas été clarifiés, l'intérêt du projet commande que son existence s'abrite derrière une extrême discrétion.

Cette politique d'extrême discrétion a fait l'objet de critiques répétées, et été jugée non conforme aux règles de la communauté scientifique, mais en vain.

Marvin Meyer nous a appris voilà un an qu'il en savait beaucoup plus sur ce qu'il advenait de l'*Évangile de Judas*, mais qu'on l'avait obligé à signer un document dans lequel il promettait de se taire. En effet, le 30 octobre 2005, alors que je préparais pour le congrès de Philadelphie[VI] une intervention sur ce que j'avais appris de l'*Évangile de Judas*, je lui demandai par courriel s'il pouvait me fournir ne fût-ce qu'une indication minime sur ses propres sources. Voici dans son intégralité sa réponse par la même voie : « Je regrette – tout ce que je peux dire, c'est : "Pas de commentaire." »

C'est alors que j'eus un coup de chance. Je reçus un coup de téléphone de Paris. C'était le journaliste scientifique Patrick Jean-Baptiste, qui préparait un dossier pour le mensuel *Sciences et Avenir*[VII]. Il m'interviewa au téléphone le 9 novembre 2005, après s'être entretenu le même jour, également au téléphone, avec Mario Roberty, de la fondation Maecenas. Je priai Jean-Baptiste de bien vouloir m'expédier par courriel ce qu'il avait appris de Roberty. Il fut assez aimable pour le faire, et me fournit du même coup des informations tout à fait inédites, et utiles à mon intervention de Philadelphie :

*La fondation Maecenas (Mario Roberty et Frieda Nussberger-Tchacos) a signé un excellent accord avec la National Geographic Society pour l'exploitation intellectuelle de l'*Évangile de Judas. *(En fait, j'ignore combien la* N[ational] G[eographic] *a payé, mais j'ai entendu parler d'un million de dollars !)*

Si les négociations avec Bruce Ferrini ont échoué, c'est parce que les avocats de ce marchand d'Akron, Ohio, l'ont prévenu de ne pas signer le partenariat que lui proposaient Roberty et Tchacos (la première offre s'était élevée à 2 millions, et la deuxième à une somme plus faible).

*Ainsi l'année prochaine, aux alentours de Pâques – selon les dires de Roberty –, un documentaire sera diffusé sur l'*Évangile de Judas *; et un article paraîtra également dans le magazine* National Geographic.

Il y aura aussi trois livres publiés par la N[ational] G[eographic]. *D'abord un gros ouvrage présentant des photos de l'évangile et le texte en trois langues (anglais, français, allemand), avec des commentaires de Rodolphe Kasser, Gregor Wurtz, Marvin Meyer et François Godard. Ensuite un deuxième livre, plus journalistique, écrit par Herb Krosney, un producteur et journaliste américain – sur l'histoire des documents. Enfin le troisième, une version vulgarisée de l'évangile, sera de la plume de Kasser, en coécriture avec un certain Bart Ehrman.*

Je devais donc intervenir à la tribune de la Société de littérature biblique alors que Marvin Meyer comptait lui aussi parmi les invités. Et mon speech fit sensation, comme on l'imagine. C'était la première fois que la question sur laquelle on avait imposé à Meyer de garder le silence était publiquement évoquée.

Ainsi Jean-Baptiste fut-il le premier à publier les objectifs du projet de la National Geographic Society, et il le fit comme suit[VIII] :

Aujourd'hui, plus personne n'a accès à ce texte. Il appartient à une fondation ad hoc, la Maecenas Foundation, établie à Bâle, et qui vient de négocier un formidable contrat d'exclusivité avec la National Geographic Society. En théorie, rien ne filtrera avant Pâques 2006, date prévue pour la diffusion d'un grand documentaire, et la publication de trois livres. La Maecenas Foundation déclare que le codex sera alors restitué aux Égyptiens ; et elle ajoute que cela ne doit pas faire oublier qu'à l'origine les manuscrits furent purement et simplement volés, puis exportés illégalement...

Jean-Baptiste citait également les noms des personnes impliquées[IX] :

« Ce codex sera intégralement traduit en anglais, en allemand et en français. L'édition comprendra des photos du matériel, et aura la forme d'un ouvrage élégant destiné aux spécialistes. » Mario Roberty, le directeur de la Maecenas Foundation for Ancient Art, qui conserve l'évangile à Bâle, se frotte les mains. Il poursuit : « Ce travail sera cosigné par le professeur Rodolphe Kasser, à qui le manuscrit a été confié

en 2002, ainsi qu'aux professeurs Gregor Wurst, François Godard et Marvin Meyer. »

Apparemment, le volume annoncé ne comprendra pas le texte en langue copte. Et ce n'est pas un petit détail ! Omettre d'inclure le texte en copte revient en effet à garder le monopole de l'affaire jusqu'à ce que Roberty estime qu'il convient de le publier ; et c'est seulement alors que d'autres pourront en proposer des traductions de leur cru. Ainsi une première traduction serait disponible la semaine après Pâques, puisque cela semblait faire partie des exigences figurant dans le contrat avec la National Geographic ; mais elle paraîtrait alors même que le travail de reconstitution des fragments n'était pas achevé, sans que les conditions soient réunies pour la préparation d'une *editio princeps* définitive.

Steve Emmel à la rescousse

J'ai interrogé Steve Emmel pour savoir si ce que je me préparais à dire dans ce livre sur l'intérêt qu'il portait au gnosticime, aux *Codices de Nag Hammadi* et à la langue copte était exact. (Il se trouvait alors au Caire, où il étudiait des manuscrits de Shenoute.) À ma grande surprise, il ajouta, presque timidement :

À propos, il faut que je te dise que j'ai accepté pas plus tard qu'hier – et pas vraiment de grand cœur – de rejoindre le « Codex Project Advisory Panel » de la National Geogra-

phic Society. Ça veut dire que j'ai signé une déclaration m'interdisant de révéler les informations que la N[ational] G[eographic] *m'a transmises en confidence. Crois-moi si tu veux, mais jusqu'ici ces informations n'ont pas – je dis bien n'ont pas – comporté la moindre indication sur le contenu de l'*Évangile de Judas. *Franchement, je me passerais bien de cet accès privilégié à tout ça, et je vais essayer d'éviter d'avoir des renseignements sur la question jusqu'à ce que mon accord avec la* N[ational] G[eographic] *m'y oblige (au cas, par exemple, où ils auraient besoin de mon opinion sur tel ou tel point avant la publication). Mieux, rien de ce que j'ai appris seulement parce que je suis associé à la* N[ational] G[eographic] *(ce qui nous renvoie à l'automne 2004 ou un peu avant), rien de tout cela, dis-je, ne présente un grand intérêt. C'est en tout cas mon humble opinion. Mais il est vrai que je ne suis pas membre du premier cercle...*

Ce que j'ai envie de dire, c'est ceci. J'ai rejoint l'équipe de la N[ational] G[eographic] S[ociety], *et signé leur clause de confidentialité comme une façon – je l'espère sincèrement, en tout cas – de garantir que le texte en copte de l'*Évangile de Judas *sera accessible au public dès que possible, du moins pas plus tard que lors de la sortie de la première traduction « autorisée » du document. Ça fait maintenant pas mal de temps que je travaille dans cette perspective ; et j'estime avoir obtenu les garanties que je recherchais de la part de la* N[ational] G[eographic] S[ociety]. *En échange, j'ai dû accepter de rejoindre leur gang : c'était la meilleure façon de les forcer à tenir parole. Le jour J est fixé aux alentours de Pâques, alors tâche de rester à l'écoute. Si ça tourne mal, je m'arrangerai pour faire au moins un peu de bruit...*

J'ai mis en garde la N[ational] *G*[eographic] *S*[ociety] *contre la tentation de verser dans le sensationnalisme. Et je pense que ses dirigeants souhaitent éviter de tomber dans le genre de sensationnalisme stupide que les journaux aiment tant. Mais quelques personnes impliquées dans le projet n'ont pas l'air d'y comprendre grand-chose – elles veulent sortir un scoop et voilà tout. Aussi je ne peux garantir avec certitude que la publication du texte et de la traduction ne s'accompagnera pas de quelques couacs. Les médias, en tout cas, ne manqueront pas de vouloir gonfler l'affaire, ne serait-ce qu'à cause du titre – l'*Évangile de Judas. *Pour ma part, je vais continuer d'essayer d'insister sur le fait que ce codex (comme tous les manuscrits anciens) présente un réel intérêt scientifique ; ce qui, dans un monde parfait, serait déjà sensationnel en soi (intellectuellement parlant, bien sûr).*

Je suis tout simplement ravi que Steve ait intégré le « Codex Project Advisory Panel » de la National Geographic Society. Ainsi il est bien placé pour savoir ce qui s'y passe. Et cela me donne l'espoir que tout ira bien. Il est évident qu'il ne parviendra pas à différer la sortie de la traduction jusqu'à ce que la transcription en copte soit également publiée, puisque ladite traduction est prête, ou quasi prête. Et Roberty affirme qu'il reste des fragments à rassembler. Autrement dit, la conservation n'est pas achevée, encore moins l'*editio princeps* avec sa transcription en copte. Mais Emmel a réussi à finir quasiment seul la publication des *Codices de Nag Hammadi*, puisque le Comité international de l'Unesco, qui en était chargé, a cessé de fonctionner en cours de route, et son sous-comité technique avec.

Aussi je ne doute pas que l'équipe ne pouvait rêver meilleur collaborateur de dernière minute.

On se rappellera les recommandations mentionnées par Emmel dans son mémorandum du 1er juin 1983, alors que les codices venaient juste d'être retrouvés :

> *Les feuillets et les fragments du codex devront être conservés entre des plaques de verre. Je recommanderais des mesures de conservation du type de celles utilisées pour la restauration et la conservation des* Codices de Nag Hammadi *(voir à ce sujet mon article « The Nag Hammadi Codices Editing Project : A Final Report », American Research Center in Egypt, Inc.,* Newsletter 104 [1978] *10-32). En dépit des dégâts déjà intervenus, et de ceux qui se produiront inévitablement entre aujourd'hui et le début de la vraie conservation du document, j'estime à environ un mois le temps nécessaire pour rassembler les fragments du manuscrit et placer les feuillets entre des plaques de verre.*

Je parcours ces lignes et c'est comme si j'avais la scène sous les yeux : Steve bavant d'impatience de mettre la main sur ce matériel afin de pouvoir le conserver avant qu'il ne se détériore davantage. Il n'obtint pas satisfaction en 1983. Mais aujourd'hui, vingt-trois ans après, *Herr* Professeur et Docteur Emmel pourrait bien voir se présenter l'occasion si longtemps attendue. Car j'aperçois bel et bien une lumière au bout du tunnel !

L'heure est venue de procéder à la vérification finale de l'ordre des fragments sur les feuillets, et à la recomposition définitive d'un codex en papyrus très abîmé.

Or il faut signaler que ce travail relève très exactement de la spécialité d'Emmel. Comme je l'ai dit, c'est lui qui a rédigé le « rapport final » du « Projet d'édition des *Codices de Nag Hammadi* ». Tout ce qu'il a accompli pour que l'entreprise soit menée à son terme avec succès est détaillé dans l'édition en fac-similé de ces codices – on observera que son texte est innocemment intitulé « Introduction ». L'ouvrage contient quelques chapitres liminaires de ma plume, mais aussi une importante section consacrée aux errata et rédigée par Steve à toutes fins utiles. L'ensemble des treize codices de Nag Hammadi a été publié en fac-similé aussi rapidement qu'il fut possible de le faire. L'idée était de briser le monopole qui existait sur cette découverte, et de mettre les documents à la disposition de chacun. De sorte que de légères améliorations ont dû être apportées par la suite à l'ouvrage, ainsi que des ajouts, en particulier dans la disposition des fragments.

Prenons un exemple. Il existe ce que nous appelons dans notre jargon un « îlot ». Il s'agit d'un fragment placé de telle sorte qu'il n'est pas vraiment en contact avec le feuillet auquel il appartient, bien qu'il ait été identifié comme tel à partir du tracé supposé des lettres au sein du texte. C'est bien souvent un petit morceau de papyrus sur lequel ne figure qu'une seule lettre lisible. Qui se soucie de savoir, me direz-vous, s'il est exactement à sa place ou un centimètre trop haut ou trop bas ? Eh bien ! il y a quelqu'un qui s'en soucie, et c'est celui qui s'est démené pour éditer le texte ! La chose s'est produite quand a paru l'édition en fac-similé des *Codices de Nag Hammadi*, et tous ceux qui y avaient travaillé en ont été contrariés. Certes, le fragment isolé avait l'air de correspondre au fragment manquant. À ce détail près toutefois : la lettre ne correspondait pas. Cette simple lettre était devenue une difficulté. Et cette difficulté fut levée grâce à un erratum indiquant qu'il convenait de la déplacer d'un petit centimètre vers le haut (ou vers le bas). Car elle n'appartenait pas à la ligne choisie, mais à une autre située juste au-dessus (ou juste en dessous). La chose apparaîtra peut-être au lecteur comme une dispute stérile. Après tout, pourquoi ne pas s'en débarrasser, de cette lettre, si elle ne nous plaît pas là où elle est ? Sauf que Steve préférerait mourir plutôt que de commettre un tel péché ! Aussi s'est-il servi de la fibre du feuillet. Il en a tracé le dessin en le faisant passer dans le trou et sur le minuscule fragment. Et le dessin de la fibre ne correspondait pas. Sauf si l'on remontait (ou rabaissait) d'un centimètre le tracé – là, ça marchait. D'où cet erratum qu'il a intégré ensuite à son édition. Et ces améliorations mineures représentent des centaines de cas. Chacune est décrite avec soin. Aux descriptions s'ajoutent des photographies des lignes concernées avec le fragment remis à la bonne place. Pour parvenir à ce résultat, Steve a dû soulever la plaque de Plexiglas sous laquelle le fragment était conservé. Il a humecté le ruban autocollant afin de détacher le fragment (il ne s'agit pas de scotch, mais d'un ruban fabriqué exprès). Il a déplacé le fragment d'un centimètre exactement. Et enfin, à l'aide d'un morceau de ruban transparent, il l'a rattaché à son support. La plaque supérieure de Plexiglas a été replacée. Et c'est ce que vous verrez si vous visitez aujourd'hui le musée Copte du Caire !

Ce même travail doit encore s'accomplir à la bibliothèque Bodmer, près de Genève, avant que Roberty ne puisse considérer comme achevé le travail de conservation, autrement dit avant que Kasser ne publie l'*editio princeps* contenant la transcription et la traduction du texte. Je me permets d'attirer votre attention sur ce point, Roberty, au cas où vous m'auriez lu jusqu'ici, ce que j'espère, un peu naïvement peut-être. Mais si tel est le cas, c'est le moment de dresser l'oreille ! Et de regarder l'ampleur de ce qu'il reste à accomplir. Ainsi seront confirmées vos déclarations selon lesquelles les choses allaient « probablement prendre du temps » car il s'agissait d'une « reconstitution minutieuse » ; pour ne rien dire du fait que vous avez vous-même justifié le « retard » de l'entreprise par l'existence de « quelques fragments supplémentaires retrouvés récemment ».

Comment fonctionne un labo de conservation de papyrus

Bien sûr, on ne m'a pas ouvert l'accès au laboratoire de conservation – celui de la bibliothèque Bodmer, je présume – où s'effectue actuellement le travail de reconstitution des feuillets et des fragments du codex contenant l'*Évangile de Judas*. Mais il m'est arrivé une fois de monter un tel labo dans lequel ont même travaillé Emmel et Kasser ! En tant que secrétaire permanent du Comité international pour les *Codices de Nag*

Hammadi, j'ai engagé le sous-comité technique à venir effectuer plusieurs années de travail, par tranches d'environ une semaine à chaque fois, au sein du musée Copte du Caire. Il s'agissait précisément du même genre de mission : replacer des feuillets de papyrus détériorés, afin de préparer les codices dans le but de les photographier et de les publier. J'ai donc une expérience de première main de ce dont il s'agit. Je sais même comment travaille Kasser en pareille situation, puisque nous avons lui et moi œuvré côte à côte au musée Copte – il comptait parmi les membres du sous-comité technique. Je n'ai donc pas un grand effort d'imagination à fournir pour me représenter ce qui se passe. En tout cas, je suis mieux placé pour le faire que n'importe qui d'autre à l'extérieur.

Kasser, au cours du travail accompli sur ces papyrus, fit preuve d'une grande conscience professionnelle. Il se montra dur à l'ouvrage, méticuleux, scrupuleux et précis. Il était au musée dès le matin, et y restait jusqu'à la fermeture des portes l'après-midi. Il ne fait aucun doute qu'il connaît d'expérience la tâche à accomplir pour conserver le codex contenant l'*Évangile de Judas*. Mais il a également la responsabilité de transcrire et de publier le texte qui figurera dans l'*editio princeps*. Cette édition comprendra une introduction de sa plume, ainsi que des notes et un glossaire des mots coptes, des mots empruntés au grec et des noms propres. Autrement dit, il ne dispose matériellement pas du temps nécessaire pour procéder lui-même à la reconstitution des fragments !

La bibliothèque Bodmer, quand je l'ai visitée, ne comptait aucun conservateur de papyrus au sein de son personnel. On peut supposer que Kasser aura recruté des gens pour ce travail. Combien sont-ils ? Avec quelle régularité travaillent-il ? Quelle est leur expérience ? J'imagine qu'ils ont un emploi principal. Ont-ils obtenu un congé spécial ? S'agit-il de travail au noir ? D'un emploi à plein-temps ? Depuis combien de temps s'y sont-ils attelés ? Et combien d'heures par jour ? Au musée Copte du Caire, nous refusions de travailler seulement pendant les heures d'ouverture. À tel point que l'on avait fini par céder à nos requêtes, et par me confier une clef de la pièce qui nous servait d'atelier. En définitive, nous avons eu la possibilité de travailler aussi tard que nous le souhaitions. Les conservateurs de Genève bénéficient-ils d'un accès illimité à leur laboratoire, ou sont-ils contraints par des restrictions horaires ? Comment s'y prennent-ils pour reconstituer les feuillets à partir des fragments ? Et pour définir la succession des feuillets ?

Ayant travaillé avec Kasser sur un chantier analogue au Caire, je sais quelle procédure il mettrait en œuvre.

D'abord, il y a (au moins) trois traités différents dans le codex. La première tâche peut consister à trier les fragments, afin de déterminer à quel traité ils appartiennent. Cela ne devrait pas présenter de difficulté particulière, puisque ces écrits sont des copies de deux traités figurant dans les *Codices de Nag Hammadi.* Fort heureusement, les éditions critiques des *Codices de Nag Hammadi* comprennent des index. En principe, il est aisé d'y chercher les mots lisibles sur les fragments du nouveau manuscrit, et de décider si ledit fragment appartient à l'un ou l'autre de ces traités déjà connus. Mais pratiquement, ce n'est pas aussi simple. En effet, le copte des traductions effectuées à partir du nouveau codex diffère manifestement de celui utilisé pour la collection de Nag Hammadi ; ou bien c'est le grec dont les textes sont issus qui est différent ; et quelquefois les deux. Résultat, un fragment peut appartenir à l'un de ces traités sans être identifiable comme tel, à cause des légères variations de terminologie qu'il comporte. Par conséquent, il n'est pas certain que tous les fragments non attribués aux traités connus appartiennent à l'*Évangile de Judas*.

Naturellement, là où le travail est le plus facile, c'est quand deux fragments – ou deux feuillets fragmentaires – possèdent des parties d'un même mot, et que l'assemblage fonctionne bien, comme dans un puzzle. Mais on est loin d'avoir toujours cette chance ! Beaucoup de fragments forment des « îlots ». Ils ne touchent pas le feuillet fragmentaire auquel ils appartiennent, et sont identifiés par le tracé d'écriture du texte. Dans ce cas, il faut compter avec un important degré d'incertitude.

Et quant aux fragments « bien placés », encore faut-il les vérifier en prenant pour critère la continuité de la fibre de l'un à l'autre. Les dessins de la fibre servent d'« empreinte digitale », puisqu'il ne peut exister deux feuillets de papyrus présentant des bandes identiques. Ce canevas formé par les fibres est horizontal d'un côté et vertical de l'autre ; il permet de confirmer qu'un fragment a été correctement positionné. Il arrive aussi que les fibres permettent une identification, même quand il n'y a pas continuité de lettres, et même quand les deux fragments ne se touchent pas réellement, ni ne correspondent bord à bord.

Quand un morceau de papyrus est « positionné », on l'extrait de la masse de fragments non identifiés, et il va rejoindre sous une plaque de Plexiglas les autres feuillets et fragments auquel il appartient. Il ne lui reste plus alors qu'à attendre l'arrivée de nouveaux fragments du même feuillet. Ainsi, petit à petit, on peut espérer reconstituer un ensemble, en partant quelquefois d'un humble document, voire de miettes de manuscrit correspondant les unes aux autres. Même minuscule, un fragment atteste l'existence d'un feuillet du codex original ; il mérite donc d'être répertorié, si l'on veut déterminer le nombre de feuillets dont se composait le livre, quand bien même le feuillet auquel il appartenait est perdu.

Un jour, tout ce qui pouvait être fait en matière de conservation est accompli. Le moment vient alors de savoir combien de plaques de verre abritent des restes de feuillets, et combien abritent seulement des *fragments* non identifiés.

C'est pourquoi les propos tenus par Roberty les 13 et 14 février 2006 sont parfaitement incompréhensibles :

> *Ce fut un travail minutieux. Et cela va probablement prendre du temps.* [...] *à cause de quelques fragments supplémentaires retrouvés récemment. De sorte qu'il y aura – je parle d'une publication intégrale du codex – il y aura du retard.*

Il prévoyait une sortie entre le 17 et le 21 avril, la semaine suivant Pâques, tout juste deux mois après avoir déclaré que les choses allaient « probablement prendre du temps », qu'il y aurait « du retard » ! Kasser ne pouvait manquer de savoir combien de temps il fallait pour mener à bien une telle entreprise quand il a promis, le 1er juillet 2004, la publication d'une *editio princeps* pour la fin 2005 – une date butoir à laquelle personne ne croyait. C'est alors que la National Geographic Society a changé la date butoir : ce serait désormais pour la semaine suivant Pâques 2006 (le 16 avril). Pâques est toujours une bonne occasion de focaliser l'attention du public sur le christianisme. Sans parler de la sortie du film *Le Da Vinci Code*, prévue en mai 2006 ! L'équipe fut renforcée. Et le projet dut être modifié. Il ne serait plus question d'une *editio princeps* comprenant la ou les traductions et le texte en copte, mais d'une traduction liminaire touchant un large public – et peu importent les assurances faites à Emmel. Roberty a déjà annoncé que la date butoir ne serait pas respectée, et pourquoi. Kasser aurait pu le dire dès le tout début, mais il a probablement été obligé d'accepter la date butoir fixée s'il voulait rester dans la course. Sauf que beaucoup d'entre nous n'y croyaient pas.

La signification de l'*Évangile de Judas*

Quid de la signification de l'*Évangile de Judas* ? Dans son interview au magazine allemand *Focus*, Steve Emmel avance quelques spéculations intéressantes[X] :

Emmel : Il est évident que le texte suscite un intérêt de tous côtés, à cause de son auteur présumé. Dans quelle mesure sera-t-il intéressant à la fin, nous ne le savons pas encore. Il n'a sûrement pas été écrit par Judas Iscariote lui-même (rires)...

Focus : *Ce serait quelque chose comme un pseudépigraphe...*

Emmel : ... Exactement, un genre littéraire qui attribue, de façon fictive, un texte à l'un des apôtres. Une question décisive est de savoir si le texte fournit une perspective nouvelle sur l'histoire des débuts du christianisme. Mais il est encore impossible d'y répondre. Les gens qui étaient en possession de ces codices ne pensaient qu'à une chose : l'argent. Quant à l'actuel propriétaire, il veut un scoop. Cela dit, je doute que le texte se révèle extraordinairement excitant. Il existe des centaines de manuscrits coptes non publiés. Celui-ci est le seul à posséder un titre aussi sensationnel.

Focus : *Ce retard apporté à la publication, c'est un scandale ?*

Emmel :... Pour ma part, je n'aurais pas travaillé comme ça. J'aurais sorti une édition provisoire. En principe, les experts s'échangent les textes. Ici, le but est apparemment de garder le secret pour que tout le monde se jette sur le livre le moment venu. Les choses sont perçues de la façon suivante : celui qui a accès à un document particulièrement intéressant voudra peut-être essayer d'en tirer profit – de l'argent, une notoriété, des honneurs ou autre.

Focus : *On cherche depuis longtemps une définition nouvelle des rapports entre hérésie et orthodoxie au début du christianisme. Au sens, par exemple, où l'« hérésie » gnostique a peut-être représenté une dimension originelle du christia-*

nisme. L'Évangile de Judas *jouera-t-il un rôle dans ce débat ?*

Emmel : Certains le pensent. Ou veulent le penser. L'idée pourrait devenir très intéressante – si ce nouveau document apportait la preuve, une fois pour toutes, que le christianisme était très différent à ses débuts. Pendant deux mille ans, l'Église a énormément misé sur la dimension orthodoxe de sa propre histoire. Elle se sert d'un mythe historique pour soutenir la foi. Mais les spécialistes expliquent depuis longtemps que l'histoire doit s'être déroulée autrement. Cela dit, ce qui s'est vraiment passé fait l'objet de débats. Les Évangiles du Nouveau Testament eux-mêmes n'ont probablement pas été écrits par des témoins oculaires. Plus probablement encore, nous ne saurons jamais qui fut Jésus, ni même s'il a existé. Ce que ce nouveau matériel montre sans aucun doute possible, c'est encore une fois que les débuts du christianisme doivent être vus autrement. Beaucoup de choses n'ont pas été éclaircies sur la question de savoir ce qui était alors regardé comme authentique, comme hérétique ou comme orthodoxe.

Focus *: Une pensée religieuse se cache derrière l'*Évangile de Judas. *Quelle est-elle ?*

Emmel : La question sera de savoir s'il existe une raison théologique susceptible d'expliquer pourquoi la trahison de Judas est citée. Nous connaissons déjà des sources d'après lesquelles Judas est un héros, en un certain sens, puisque l'histoire du Salut n'aurait pu avoir lieu sans lui.

Focus *: Faut-il exclure un blasphème conscient ?*

Emmel : Pas forcément. Les auteurs de ces textes étaient pour une bonne part des gens très brillants qui trouvaient un peu risible la foi pure et simple. Il se pourrait que cela ait quelque chose à voir avec le fait d'imposer des concepts ortho-

doxes. Cela appartient à l'esprit du IIe siècle, au cours duquel la doctrine gnostique est parvenue à son apogée.

On a beaucoup spéculé sur ce que la découverte de l'*Évangile de Judas* pouvait impliquer pour l'Église catholique romaine. Ainsi le journaliste suisse Ralph Pöhner a-t-il pu écrire[XI] :

Son seul nom – Évangile de Judas *! – pourrait enflammer ceux qui rêvent de conspiration, et déclencher des spéculations sur la question de savoir si le Pape a des raisons de trembler, et si les fondations du Vatican sont ébranlées.*

Mais il admet plus loin qu'il s'agit là d'une éventualité peu probable[XII] :

La vraie signification théologique du texte est une autre affaire. « Je doute, dit Charles W. Hedrick, que les chefs de l'institution chrétienne reviennent sur la question une fois que l'excitation sera retombée. »

Thiede a lui aussi exploité le côté sensationnel de l'information[XIII] :

Les théoriciens du complot, à l'image du best-seller de Dan Brown, Da Vinci Code, *ont depuis longtemps élaboré des histoires sur l'« onde de choc inouïe » provoquée par un texte qui bientôt « secouera » l'Église catholique « jusque dans ses fondations ». Le public se prépare à la possibilité d'acheter le texte original d'une « anti-Bible » ancienne qui présente les événements de la veille de Pâques l'année de la mort de Jésus (ou, si l'on préfère, des débuts de l'histoire de l'Église) sous un jour entièrement différent, eu égard au discours tenu par les tenants de l'orthodoxie.*

Mais il ne s'agit pas seulement de savoir si les spécialistes arriveront à choisir entre parler des « événements de la veille de Pâques, l'année de la mort de Jésus », ou des « débuts de l'histoire de l'Église ». Ils n'ont pas à choisir entre ce qui relève des certitudes historiques issues de leurs recherches, et ce qui relève seulement du sensationnel. L'*Évangile de Judas* est un évangile apocryphe du IIe siècle qui, selon toute probabilité, nous parle des gnostiques caïnites du milieu de ce siècle, et nullement de ce qui s'est passé en l'an 30 après la naissance de Jésus-Christ !

Même Henk Schutten publie dans le journal *Het Parool* un dossier intitulé « Le Vatican détient-il une copie du texte ? », dans lequel il donne la parole à Roberty :

Roberty n'exclut pas du tout que le Vatican soit en possession depuis toujours de sa propre copie du texte, soigneusement mise sous clef. « En ce temps-là, dit-il, l'Église a décidé, pour des raisons politiques, d'inclure dans la Bible les Évangiles de Luc, de Marc, de Matthieu et de Jean. Les autres évangiles ont été écartés. Il serait parfaitement logique que l'Église catholique ait gardé une copie des évangiles interdits. C'est triste, mais le Vatican refuse la transparence sur ce point. Il suit la même politique depuis des années : "Pas de commentaire." »

Au début de notre ère, le Vatican n'existait pas, et la Bibliothèque vaticane encore moins. Mais même si l'Église avait possédé une copie de ce texte, ce qui relève de la pure spéculation, aurait-elle pu le garder secret aussi longtemps et à travers tant d'événements – le déménagement à Constantinople de la capitale de l'Empire romain, l'invasion de Rome par les Goths, le départ des papes pour Avignon, le remplacement de l'ancienne église par l'actuelle basilique ? Il est très, très improbable qu'une copie de cet écrit soit à l'abri dans les archives du Vatican. Et si c'est le cas, il est peu probable que quiconque au Vatican en soit informé. Cette idée est une pure et simple invention destinée à augmenter le caractère sensationnel de l'événement, tout en jetant le discrédit sur l'Église catholique romaine.

Stephen C. Carlson a essayé de régler cette question une fois pour toutes, mais apparemment sans succès[XIV] :

> *Le journal australien* Daily Telegraph *a publié un article sur le sujet : « La traduction d'un évangile controversé » (30 mars 2005). La source principale de ce papier semble être une personne appartenant à une certaine fondation Maecenas établie à Genève, en Suisse, qui jouerait un rôle dans l'exploitation du document...*
>
> *Cet article n'apporte rien de nouveau : « Nous ne voulons pas révéler l'aspect exceptionnel de ce que nous avons entre les mains, y déclare M. Roberty. À part ceci :* [...] *l'écrit de Judas Iscariote remet en cause des principes politiques de la doctrine chrétienne. »*

> *Mais cela n'empêche pas le rédacteur de ménager dans son article un passage digne du* Da Vinci Code *: « L'Église catholique romaine n'a reconnu d'autres évangiles que les quatre choisis en 325 après Jésus-Christ, sous le règne de Constantin, le premier empereur romain chrétien. »*
>
> *Il en existe trente autres – dont certains n'ont jamais été retrouvés – qui ont été écartés, d'après M. Roberty, parce qu'ils « étaient difficilement conciliables avec la doctrine politique de Constantin ».*

Toujours la même histoire, en somme. Sauf que la canonisation du Nouveau Testament est un long processus qui a commencé bien avant Constantin, et trouvé sa conclusion définitive des dizaines d'années après lui... Mais étant donné la façon dont M. Roberty est cité dans l'article, il est impossible de savoir si c'est vraiment à lui qu'il faut imputer ces contresens historiques...

Le quotidien turinois *La Stampa* a fait état le 11 janvier 2006 de sources disant que le manuscrit apocryphe allait apporter un changement favorable à l'image de Judas. L'information fut reprise le lendemain même dans le *Times* de Londres, sous la plume de Richard Owen, dont l'article s'intitulait « Judas l'Incompris », avec en sous-titre : « Le Vatican éclaircit les choses sur le nom du disciple insulté ». Mgr Walter Brandmüller, le président du Comité pontifical pour la science historique, y est présenté comme ayant pris la tête d'une campagne « destinée à convaincre les croyants de regarder avec bonté un homme insulté depuis deux mille ans ». Le lendemain, 13 janvier 2006, nouvel article dans ce même *Times*, signé cette fois Ben MacIntyre, et intitulé « Accusé, manipulé ou diffamé : trois bonnes raisons de libérer Judas ». Le papier est clairement une caricature. Il se présente comme la plaidoirie finale de l'avocat demandant au jury l'acquittement de son client. Et le même jour, John Grace fait paraître dans le *Guardian* un article du même tonneau : « Judas, sa vie, ses bonnes œuvres », dans lequel on peut lire ceci :

> *Des sources émanant du Vatican donnent à penser que l'Église catholique se préparerait à réhabiliter Judas, l'apôtre dont on considère en général qu'il a trahi Jésus. Les spécialistes suggèrent aujourd'hui qu'il n'a en réalité fait que « jouer son rôle dans le projet de Dieu ».*

Suit une récriture de l'histoire canonique – une montagne de ridicule et de fureur pour accoucher de la souris suivante :

> *Jésus le bénit. « Maintenant je te pardonne. Mais les autres mettront deux mille ans à le faire. » Et ainsi soit-il.*

Le 16 janvier 2006 vient le tour du *Toronto Star*. L'article s'intitule « La renaissance de Judas : sommes-nous prêts à réhabiliter le mouchard ? » et il est signé Rosie DiManno. Il suit les traces des papiers parus les jours précédents, mais s'en distingue par sa conclusion : « C'est programmé pour une sortie à Pâques. Une super-idée, non ? »

Mais Mgr Brandmüller devait déclarer à l'agence de presse catholique romaine Zenit : « Je n'ai pas été interviewé par le *Times*. J'ignore absolument d'où peut venir une pareille idée. Cette nouvelle est sans fondement. » Il poursuit en ces termes :

En ce qui concerne le manuscrit, il faut insister sur le fait que les évangiles apocryphes relèvent pour la plupart d'un genre littéraire particulier ; c'est une sorte de roman religieux qui ne peut être lu comme une source documentaire permettant de définir le Judas historique.

Interrogé sur le fait de savoir si une réhabilitation de Judas serait de nature à favoriser le dialogue avec les Juifs, Mgr Brandmüller répond :

Le dialogue entre le Saint-Siège et les Juifs se poursuit utilement sur d'autres bases, comme Benoît XVI l'a dit lors de sa visite à la synagogue de Cologne, l'été 2005, pendant les Journées mondiales de la jeunesse, et répété encore lundi dernier quand il a rencontré le grand rabbin de Rome.

Mgr Brandmüller se montrera plus explicite encore, fin janvier 2006, au micro de Stacy Meichty, le correspondant au Vatican du *Service des Nouvelles religieuses* :

Cet évangile est apocryphe – c'est une sorte de fiction historique. Il ne présente pas d'intérêt au plan religieux ou théologique. Il permet d'illustrer la scène littéraire du premier christianisme... Mais il est non religieux, et non théologique. C'est une œuvre littéraire, pas un texte religieux ou théologique. Ce que l'auteur savait, selon toute probabilité. Il savait ce qu'il écrivait.

Il n'y a aucune campagne, aucun mouvement pour réhabiliter celui qui a trahi Jésus. Ces informations sont absolument fausses... On doit admettre que le personnage de Judas a toujours représenté un mystère. C'est pourquoi il a provoqué maintes spéculations et tentatives pour interpréter sa trahison. Mais il n'existe pas d'explication communément admise. Le mystère demeure. Et Judas reste un personnage marginal.

Nous accueillons la publication d'une édition critique de ce texte comme nous le ferions pour n'importe quel texte de littérature ancienne.

Un fan club de Judas ? Non, il n'existe rien de tel. Aucun groupe. Il se trouvera bien quelqu'un, quelque part, pour commettre un roman sur Judas.

Beaucoup de choses dépendent de l'étude critique du texte lui-même. De petites découvertes peuvent se faire jour, évidemment. Mais je n'y crois pas. C'est un produit de l'imagination religieuse. D'ordinaire, ces évangiles apocryphes naissent d'un désir de connaître des détails situés au-delà de ce que l'on peut y lire.

Ainsi l'Église catholique a-t-elle su garder son calme. Elle a réaffirmé sa position traditionnelle, et refusé de se laisser entraîner dans un débat qui ne pouvait que servir la cause des amateurs de sensationnalisme.

En fait, cet aspect de l'affaire avait déjà été discuté avant même que l'*Évangile de Judas* ne fasse la une des journaux lors de la parution, en 2000, d'un ouvrage de fiction intitulé *L'Évangile de Judas : roman*. Le sujet : un prêtre romain, le père Leo Newman, reçoit des fragments provenant (bien entendu) d'un rouleau du Ier siècle découvert (bien entendu) au bord de la mer

Morte. Newman se prépare à les déchiffrer. Il s'agit d'un récit de la vie de Jésus apparemment écrit de la main de Judas avant même les évangiles canoniques. Le texte raconte que Jésus n'est pas revenu d'entre les morts. Le père Leo se rend compte qu'un tel récit risque d'ébranler les fondements du christianisme, et sa propre vie de croyant et de prêtre. Alors, quand on fait appel à lui pour interpréter les fragments, tout s'écroule.

L'auteur de ce livre ignorait manifestement l'existence d'un manuscrit copte de l'*Évangile de Judas*. Il souleva en son temps une tempête similaire à celle qu'attendent (espèrent ?) les éditeurs de l'*Évangile de Judas*. Mais on trouve sur le site Amazon.com quelque cent exemplaires disponibles de cet ouvrage, neufs ou d'occasion, et les prix démarrent à 49 *cents*...

Pöhner ne peut s'empêcher de conclure son article sur une note séculière[XV] :

> *Une fiction. En ces temps déchristianisés, le texte apparaît comme un document historique de poids, même si son pouvoir religieux est limité. Mais il peut stimuler notre imagination. Et si c'étaient les vues de ce Judas-là qui avaient prévalu ? Quelle signification la loyauté aurait-elle pour nous ? Qui trahirait qui ? Où serait le mensonge ?*

Bien sûr, la sortie des traductions de l'*Évangile de Judas* mettra un terme à cette tempête dans un verre d'eau. Il en est allé de même avec la parution longtemps attendue des *Manuscrits de la mer Morte* et des *Codices de Nag Hammadi*.

Dans le cas des *Manuscrits de la mer Morte*, un effort considérable fut déployé pour essayer de discréditer l'Église catholique et romaine à travers eux. Robert W. Eisenman, un scientifique juif de la Long Beach State University, développa une théorie selon laquelle l'Église empêcherait la publication des fragments de ces documents, tant elle redoutait des révélations qui auraient ruiné les bases du christianisme. Eisenman a prétendu que le fondateur de la communauté d'où provenaient les manuscrits n'était autre que Jacques, le propre frère de Jésus ! Jacques, et Jésus avec lui, auraient revendiqué une stricte adhésion au judaïsme, exactement comme le Maître de Justice lui-même – un des personnages qui figure dans les *Manuscrits*, et qu'Eisenman identifie à Jacques. Ces vues conduisent à juger illégitimes et la rupture de Paul avec le judaïsme et l'adhésion revendiquée aujourd'hui par l'Église au paulinisme ! Mais en fait cette théorie ne tient pas debout, et ce pour bon nombre de raisons scientifiques[XVI]. Eisenman n'a pas respecté les règles du monde scientifique. Cependant il était parvenu à mettre en lieu sûr, hors d'Israël, des copies des photos des fragments non publiés des *Manuscrits*. Pour les publier, il a fait appel à mes services, sachant que j'avais déjà joué le rôle de briseur de monopole dans l'affaire des *Codices de Nag Hammadi*. C'est ainsi que nous avons travaillé ensemble, lui essayant de valider sa théorie sensationnelle et moi essayant de la contester – deux adversaires dans le même lit[XVII]. Aujourd'hui que les fragments en question sont disponibles – depuis plus de dix ans –, la théorie à sensation d'Eisenman a tout bonnement cessé d'agiter les médias. Les *Manuscrits de la mer Morte* revêtent un immense intérêt pour les chercheurs, et c'est à eux qu'ils ont été confiés – qu'ils soient juifs ou chrétiens. Ainsi peuvent-ils être étudiés avec soin et impartialité par des gens qui ne visent aucun scoop.

Dans le cas des *Codices de Nag Hammadi*, le chasseur de scoops s'appelait Jean Doresse. C'était un étudiant français diplômé qui s'était taillé une réputation en révélant le premier l'existence de ces documents[XVIII]. Il avait arrangé une interview avec le journal en langue française du Caire, qui publia un article haut en couleur[XIX] :

> *Les spécialistes consultés estiment qu'il s'agit de l'une des plus importantes sources documentaires conservées jusqu'ici dans le sol égyptien, et dont l'intérêt scientifique dépasse des découvertes aussi spectaculaires que la tombe de Toutankhamon.*

Là encore, une fois que les *Codices de Nag Hammadi* furent édités et pleinement accessibles au public[XX], les articles fracassants laissèrent la place aux études sérieuses et scientifiques. Il est évident que les *Codices de Nag Hammadi* jouent un rôle de premier plan dans la reconstruction de l'histoire du christianisme. Cependant les articles scandaleux ne servent qu'à discréditer les découvertes de cette importance – qu'il s'agisse des *Manuscrits de la mer Morte* ou des *Codices de Nag Hammadi.*

Il ne fait aucun doute qu'il en ira de même pour l'*Évangile de Judas.* Une fois qu'il sera disponible, on s'apercevra qu'il ne fait pas la lumière sur ce qui s'est passé lors du voyage de Jésus à Jérusalem (c'est ce que les journalistes à sensation imaginent), mais plutôt sur une secte gnostique du IIe siècle. Ce sera important pour les spécialistes, et pas du tout pour les amateurs de scoops. En attendant, il ne fait aucun doute que la fondation Maecenas aura atteint son premier objectif, défini dans le mémorandum du 15 décembre 2000 :

> *Les promoteurs du projet ont consacré et consacreront encore beaucoup de temps et d'argent à atteindre les buts fixés. Il est clairement établi que ces investissements seront pleinement compensés, et produiront d'honnêtes profits.*

Ils pourront alors remettre l'*Évangile de Judas* à la communauté scientifique, afin que s'accomplisse l'autre objectif qu'ils se sont donné :

> *Il est établi d'autre part que ce projet ouvre sur une dimension située bien au-delà d'une transaction commerciale. Vu le potentiel qu'ils recèlent pour une importante partie de l'humanité, les manuscrits imposent une approche substantiellement différente de celle qui prévaut lors d'une transaction financière ordinaire.*

Alors concluons sur cette note heureuse !

– 7 –

LE GRAND DÉBALLAGE DE PÂQUES 2006

L'*Évangile de Judas* est un essai gnostique séthien rédigé au milieu du IIᵉ siècle. Il n'apporte aucune information nouvelle sur les événements s'étant déroulés en l'an 30 après Jésus-Christ. Aux yeux des spécialistes de la gnose de cette période, dont je suis, il n'en demeure pas moins un texte important, mais la National Geographic Society en fait une présentation erronée au grand public, dans l'optique de rentabiliser au maximum son investissement. Méfiez-vous des marchands !

Dans le *New York Times* du 15 avril 2006, Peter Steinfels titre : « La trahison sujette à controverse », et demande en préambule : « Judas a-t-il trahi Jésus, ou bien est-ce la National Geographic Society et différents experts qui ont trahi Judas ? » De son point de vue, il s'agit de savoir « si la recherche calculée du sensationnel et la complicité d'érudits se justifiaient pour obtenir ces résultats ».

Il développe son argumentation comme suit :

Le documentaire diffusé par la National Geographic Society révèle l'habituel mélange d'images choc et de déclarations pontifiantes sur fond de musique lancinante : on parle de « réhabiliter Judas » et d'une révélation « susceptible de bouleverser nos croyances les plus profondes », de déclencher une « crise de la foi » ou de prendre « le contre-pied de la tradition ».

L'émission propose des reconstitutions théâtralisées, dont certaines que Mel Gibson n'aurait pas reniées, comme celle de la séduisante martyre [sainte Blandine] *contrainte au supplice de la chaise métallique rougie au feu. Les scènes dépeignant les tractations entre Judas et Jésus, d'abord dans les quatre Évangiles, puis dans la version gnostique, sont interprétées par les mêmes acteurs, de sorte qu'on peut éventuellement pardonner aux spectateurs de croire que le documentaire fait référence à des « événements survenus aux alentours de l'an 30 de notre ère ».*

L'ARGENT

La théorie

Le 13 avril 2006, le *New York Times* a publié une enquête quasi similaire, réalisée par Barry Meier et John Noble Wilford, intitulée : « Comment est apparu l'*Évangile de Judas* ? »

Pour sa part, Mme Tchacos-Nussberger a récusé toute insinuation selon laquelle elle essayait de tirer profit du manuscrit :

« J'ai connu un véritable enfer, mais j'ai sauvegardé quelque chose pour l'humanité », a-t-elle déclaré lors d'une interview par téléphone. « J'en aurais fait don à toute personne susceptible de le sauver. »

En pratique

Puisque Mme Tchacos aurait « fait don [du manuscrit] à toute personne susceptible de le sauver », pourquoi ne l'a-t-elle pas offert à l'université de Yale, là où elle l'a pourtant laissé en dépôt, dans l'espoir de le revendre en réalisant un joli bénéfice ? Yale compte d'excellents experts en conservation des papyrus, tels que Steve Emmel, qui occupa cette fonction pendant plusieurs années, tout en y préparant son doctorat. Il fut parmi les premiers à voir le codex renfermant l'*Évangile de Judas*, à Genève, le 15 mai 1983, et avait hâte de le restaurer. Mais l'université décida de ne pas acheter ce document exporté illégalement d'Égypte. Si Mme Tchacos l'avait proposé à l'université, afin qu'elle le restaure puis le renvoie dans son pays d'origine, nul doute que celle-ci aurait accepté. Ce codex aurait été publié voilà dix ans, sans tapage médiatique, et restitué à l'Égypte, où il serait depuis longtemps accessible aux spécialistes comme aux visiteurs du musée Copte du Caire.

Au lieu de quoi Mme Tchacos a vendu les quatre manuscrits à Bruce Ferrini, un marchand d'art d'Akron, dans l'Ohio, contre 2,5 millions de dollars. Lorsque celui-ci, inquiet de la provenance des documents, cesse d'honorer ses paiements, elle se débrouille pour récupérer ce qu'il n'a pas encore écoulé et le remporte avec elle en Suisse. Là-bas, elle le confie à la fondation Maecenas pour l'art antique dirigée par son avocat, Mario Roberty, laquelle va vendre les droits exclusifs de publication à la National Geographic Society (pour un montant non divulgué). Ensuite seulement le manuscrit regagnera l'Égypte qui, en échange, s'engage à ne pas poursuivre Mme Tchacos pour l'exportation frauduleuse du document.

Paul Legutko, de Lexington, dans le Massachusetts, a écrit la lettre suivante à la rédaction du *Boston Sunday Globe*, qui l'a publiée dans son édition du 16 avril 2006 :

> *Selon les évangiles canoniques, Judas Iscariote a vendu Jésus contre trente pièces d'argent. Quelle ironie de voir, semble-t-il, ce geste se reproduire, deux mille ans plus tard, avec les millions de dollars que ce papyrus (volé) a fait gagner aux affairistes, avocats et autres marchands d'art, sans compter la National Geographic Society. Espérons qu'ils s'en tireront à meilleur compte que Judas...*

LE MONOPOLE

La théorie

Lors du huitième Congrès international (congrès organisé tous les quatre ans par l'Association internationale d'études coptes), Rodolphe Kasser annonce à Paris, le 1er juillet 2004, qu'une fondation suisse s'est portée acquéreur de l'*Évangile de Judas* et qu'on lui a cédé les droits exclusifs de son étude, de sa traduction et de sa publication. À l'époque, j'étais non seulement président honoraire de l'Association susnommée, mais aussi organisateur du colloque lui-même. Au cours de sa toute première réunion, le 17 décembre 1976 au Caire, j'avais proposé une résolution adoptée à l'unanimité, dont voici un extrait :

> *Le comité de direction devra s'entendre avec les autorités compétentes afin d'obtenir le libre accès aux diverses collections de sources coptes, selon les conditions citées, pour tous les membres, et que ceux-ci puissent les étudier dans les meilleures conditions possibles. L'Association internationale d'études coptes a établi qu'elle s'opposait à céder ou à recevoir les droits de publication exclusifs ; un codicille proposé par le professeur Kasser prévoit un délai de grâce de douze mois, à compter de la date de cette résolution, pour nos confrères dont les recherches sont déjà en cours de rédaction.*

Cette résolution visait directement le monopole d'accès aux *Codices de Nag Hammadi* détenu depuis des décennies par les Français, puis les Allemands. Le dernier d'entre eux, le Codex I, exporté en secret d'Égypte, puis vendu à l'Institut C.G. Jung de Zurich, qui le rebaptisa « Codex Jung », fut confié à des rédacteurs très lents, dont le directeur d'études n'était autre que Rodolphe Kasser, aujourd'hui responsable de l'*Évangile de Judas*. Il avait retardé autant que possible la divulgation du Codex Jung au reste de la communauté universitaire. L'Association cherchait à éviter que de telles dérives ne se reproduisent. D'où sa résolution.

Pour la commémoration du cinquantième anniversaire de la découverte des *Codices de Nag Hammadi*, j'ai prononcé une allocution lors de la réunion annuelle de la Société de littérature biblique (SLB), dans laquelle j'ai déclaré[I] :

> *La publication de l'édition complète en fac-similé, juste huit ans après que nous avons eu accès aux papyrus proprement dits, nous indique la marche à suivre pour contourner ou vaincre à l'avenir toute mainmise sur un manuscrit nouvellement mis au jour. Après tout, bien qu'étrangers sur le terrain, nous avons démontré que vouloir c'était pouvoir. Et que les « impossibilités » que l'on nous opposait n'étaient en général que des prétextes pour justifier des intérêts particuliers.*

Ainsi le fameux Codex Jung (Codex I) appartenait aux héritiers de Carl Gustav Jung, qui le conservaient dans une chambre forte d'une banque zurichoise. Ils avaient accepté de rendre ledit codex au Caire dès que l'équipe de rédacteurs en aurait fini avec sa retranscription. Le porte-parole de ce groupe, Rodolphe Kasser, faisait partie de notre sous-comité technique ; il aurait donc toujours bénéficié d'un accès illimité au document si celui-ci avait regagné Le Caire. Seulement, dans ce cas, nous aussi ! Il a donc soutenu que les héritiers Jung ne souhaitaient pas rendre le manuscrit car ils avaient conscience de sa valeur inestimable. De son côté, le représentant de la famille Jung m'a assuré que celle-ci n'attendait que le feu vert de l'équipe de rédacteurs zurichoise pour le renvoyer en Égypte. Il proposa d'ailleurs de contacter les divers membres de ce groupe pour leur poser la question. Par la suite, il m'a informé que tous ceux qui avaient répondu (une grève des postes ayant empêché les Français de le faire) acceptaient de rendre le codex, à l'exception de... Rodolphe Kasser ! Ce ne fut qu'après avoir remis à l'éditeur le dernier tome des travaux de son groupe, et s'être ainsi assuré l'*editio princeps*, qu'il a accepté de se défaire du codex[II].

On est forcément tenté de comparer les conditions de publication des *Codices de Nag Hammadi* à celles, exécrables et expéditives, des *Manuscrits de la mer Morte* découverts peu ou prou au même moment et qui ont appelé cette résolution de la Société de littérature biblique, lors de sa réunion annuelle de 1992 à Kansas City, juste une semaine après la parution de l'édition en fac-similé des *Manuscrits de la mer Morte*, que j'ai coécrite[III] :

1. Recommandation à l'intention des personnes qui possèdent ou gèrent d'anciens documents écrits :
Les personnes qui possèdent ou gèrent d'anciens documents

écrits devront permettre à tout spécialiste d'y avoir accès. Si l'état desdits documents requiert un accès restreint, des dispositions devront être prises afin d'en établir la reproduction sous forme de fac-similé, accessible à tout spécialiste. Si les propriétaires ou les administrateurs peuvent choisir de confier à un seul universitaire ou à une équipe d'experts l'étude officielle d'un document, cette autorisation ne devra pas en interdire l'accès aux autres spécialistes, ni les empêcher de publier leurs propres études, traductions ou travaux concernant les documents écrits.

2. Obligations des éditions spécialement agréées : *les universitaires qui se voient attribuer l'autorisation spéciale de travailler sur l'édition officielle d'anciens documents devront coopérer avec les propriétaires ou les administrateurs desdits documents, afin d'assurer la publication des travaux de manière diligente, et devront faciliter l'accès des documents écrits à tous les spécialistes. Si les propriétaires ou les administrateurs accordent aux rédacteurs spécialement agréés des prérogatives auxquelles les autres universitaires n'auraient pas droit, lesdites prérogatives ne devront en aucun cas comporter un accès exclusif aux documents écrits ou à leur reproduction sous forme de fac-similés. En outre, les propriétaires ou administrateurs devront établir une date limite pour l'achèvement des comptes rendus prévus (pas plus de cinq ans après l'octroi de l'autorisation spéciale).*

Après lecture de la résolution, Emmanuel Tov, alors responsable du projet des *Manuscrits de la mer Morte*, s'est levé pour annoncer que toute restriction d'accès aux manuscrits susnommés avait été officiellement retirée. Autant verrouiller l'écurie une fois que le cheval a été volé !

J'ai bon espoir, et suis même convaincu, que nous avons tous tiré une leçon de cette triste histoire, dans laquelle nous portons tous une part de responsabilité collective et que, à l'avenir, des règles plus constructives seront adoptées[IV].

En pratique

Le 17 décembre 1976, le tout premier colloque de l'Association internationale d'études coptes rassembla plus d'une centaine de membres fondateurs présents et votants, parmi lesquels Rodolphe Kasser, mais aussi Marvin W. Meyer. Ce dernier fut recruté en secret par la National Geographic Society pour traduire en anglais l'*Évangile de Judas* et se rendre en Égypte, afin d'y poser dans le cadre d'un documentaire télévisuel farfelu, à l'entrée d'une grotte supposée semblable à celle (jamais vue) où le codex est resté caché pendant des siècles... Et Kasser avait eu accès à l'*Évangile de Judas* dès le 24 juillet 2001, sans pour autant permettre aux autres membres de l'Association internationale d'études coptes ou à la communauté scientifique – ne parlons même pas du grand public ! – de s'en approcher. Quant à Meyer, il devait me confier en août 2005 en savoir beaucoup plus long que moi sur l'*Évangile de Judas*, mais être tenu au secret. Tous deux allaient à l'encontre de la résolution qu'ils avaient votée en 1976.

Qui affiche le passé le plus trouble : Judas ou Frieda Tchacos ?

Inutile de revenir sur ce que l'Église reproche depuis ses origines à Judas, l'apôtre maudit. Mais qu'en est-il des « marchands du Temple » modernes qui monnayent son hypothétique réhabilitation ? Certains voudraient voir dans l'*Évangile de Judas* récemment retrouvé un remise en question du rôle du plus grand traître de l'Histoire. Et tout comme Judas aurait été l'instrument de la rédemption, sacrifiant son honneur pour que les Écritures s'accomplissent, Frieda Tchacos aurait été celui du salut de Judas après deux millénaires d'opprobre.

Toujours est-il que notre marchande d'art a rebaptisé de son nom le codex contenant l'*Évangile de Judas*, l'appelant « Codex Tchacos », tout comme l'Institut C.G. Jung de Zurich avait présenté sous le nom de « Codex Jung » un codex copte du IVe siècle qu'elle avait acquis le 15 novembre 1953, dit « Évangile de Vérité ». Et si Carl Jung avait tenté de refuser cette appellation qui le mettait, disait-il, « mal à l'aise », Frieda Tchacos ne semble nullement s'embarrasser de tels scrupules.

Il semblerait malheureusement que la forfanterie n'ait pas été son unique péché... Lorsque le musée Getty de Los Angeles a été directement impliqué dans une affaire de commerce illégal d'antiquités, le *Los Angeles Times* a mené une enquête des plus approfondies sur Mme Tchacos. L'article de Jason Felch et Ralph Frammelino, en date du 13 avril 2006 titrait : « Le passé douteux du personnage derrière l'*Évangile de Judas* ». Suivait l'accroche : « Une marchande à qui l'on attribue le "sauvetage" du document aurait joué un rôle majeur dans le pillage d'antiquités. » On découvre ensuite :

> *[...] que les autorités italiennes l'ont arrêtée à Chypre pour une autre affaire de trafic d'art, qu'elle fut condamnée à dix-huit mois de prison avec sursis et qu'elle fit une longue déposition sur sa connaissance du commerce des antiquités.*

Un papier du *New York Times* du 13 avril 2006 intitulé « Comment est apparu l'*Évangile de Judas* ? » précise :

> *Elle a déclaré que sa garde à vue par la police italienne était sans importance.*

Il semblerait que Frieda Tchacos ait fait l'économie d'une incarcération sur l'autre versant des Alpes en dénonçant ses associés en affaires aux autorités italiennes. L'article du *Los Angeles Times* le confirme plus ou moins :

> *La déposition de Mme Tchacos a joué un rôle important dans le procès en cours contre Marion True, l'ancienne conservatrice du musée J. Paul Getty, aujourd'hui accusée de trafic d'objets d'art. Le zèle dont cette dame a fait preuve pour collaborer avec les investigateurs lui vaut d'ailleurs dans la profession le sobriquet de « Judas du commerce des antiquités ».*
>
> *Le dossier indique aussi que Mme Tchacos a vendu au musée Getty les fragments de deux des objets réclamés par les*

autorités italiennes. En 1999, le musée Getty en a rendu à l'Italie un troisième, connu sous le nom de kylix *(calice) d'Onesimos, peintre grec, après qu'on eut déterminé qu'il avait été dérobé à Cerveteri, une nécropole étrusque au nord de Rome.*

Le coprévenu de Mme True, Robert Hecht Junior, décrit Mme Tchacos comme une concurrente agressive qui « n'a pas hésité à se rendre à Cerveteri et à payer en liquide sur place ». La déclaration figure dans le journal de Hecht, une pièce à conviction maîtresse de l'enquête italienne.

Plus loin, l'article nous apprend :

Lors d'une brève interview donnée mercredi, Mme Tchacos a déclaré qu'elle n'avait jamais été inculpée dans l'affaire italienne, qu'elle qualifie de « situation équivoque », et qu'elle s'était retirée du commerce des antiquités depuis quelques années, en raison du manque d'éthique qui régnait dans la profession. « Je suis une marchande qui agit toujours dans le respect des règles », a-t-elle affirmé.

D'après le quotidien californien, elle serait sous le coup d'accusations similaires en Angleterre :

Elle est également poursuivie par la justice britannique, en vue de récupérer les 3 millions de livres correspondant à la vente d'une statue égyptienne, laquelle fait l'objet d'une âpre querelle financière entre un marchand d'art londonien et les héritiers de feu l'associé de Mme Tchacos. Les avocats chargés de la succession prétendent que le premier, à présent en faillite, a omis de déclarer au tribunal qu'il avait mené cette négocia-

tion par l'entremise de la galerie Nefer, située à Bâle (sic !), en Suisse, et appartenant à Mme Tchacos.

Quant à son avocat, Mario Roberty, seul et unique membre de la fondation Maecenas de Bâle, qui détient l'*Évangile de Judas*, il s'est spécialisé dans la défense des marchands d'antiquités ayant maille à partir avec la justice :

Roberty défend depuis longtemps les antiquaires, parmi lesquels trois marchands aujourd'hui impliqués dans l'affaire italienne. « J'ai eu la chance ou la malchance de gagner il y a trente ans un procès qui m'a fait connaître dans ce petit cercle », a-t-il déclaré.

Interrogé sur ses rapports avec la plupart des requins du marché des antiquités, Roberty affirme : « Quand on se spécialise dans les affaires de meurtre, on a affaire à des meurtriers, mais cela ne fait pas de vous un assassin. »

Bien sûr, la National Geographic Society a présenté Frieda Tchacos sous les traits d'une héroïne. Interrogé par le *Los Angeles Times* sur cette cliente au profil controversé, Mario Roberty a livré une réponse ambiguë :

Certains qualificatifs sont peut-être excessifs, mais cela reste un portrait fidèle.

« Il n'y a aucune contradiction, ajoute-t-il, entre le fait d'être une marchande d'art ancien très prospère et la protectrice d'un patrimoine culturel. »

Certes, mais ladite « marchande d'art ancien très prospère » est soupçonnée d'avoir violé les lois internationales qui protégent les pays dont le patrimoine culturel fait l'objet de pillages, et de s'être tirée d'affaire en incriminant ses complices.

Frieda Tchacos espérait sans nul doute accéder à la gloire grâce à l'*Évangile de Judas*, mais plus infâme que fameuse, elle représente mal le Judas gnostique, dont elle prétend qu'il serait entré en communication avec elle pour faire d'elle son porte-parole sur terre et lui confier la mission de l'innocenter. Elle évoque plutôt le Judas de la Bible, qui a trahi ses amis les plus proches...

NOTES

Chapitre 1 : Le Judas du Nouveau Testament

I. *The Critical Edition of* Q: *Synopsis Including the Gospels of Matthew and Luke, Mark and Thomas with English, German, and French Translations of Q and Thomas,* éd. James M. Robinson, Paul Hoffmann et John S. Kloppenborg (Fortress, Minneapolis et Peeters, Louvain, 2000).

II. William Klassen, *Judas: Betrayer or Friend of Jesus?* Fortress, Minneapolis, 1996.

III. Claire Clivaz, « Douze noms pour une main : nouveaux regards sur Judas à partir de Lc 22,21-22 », *New Testament Studies* 48 (2002) : 400-416.

Chapitre 2 : Le Judas historique

I. Origène, *Contre Celse,* 2.9, cité par William Klassen, *Judas: Betrayer or Friend?,* Fortress, Minneapolis, 1996, p. 138.

II. R. S. Anderson, *The Gospel according to Judas,* Helmers & Howard, Colorado Springs, 1991.

III. Hans-Josef Klauck, *Jesus: Ein Junger des Herrn,* Quaestiones Disputatae III, Herder, Fribourg, 1987.

IV. Klassen, *Judas.*

V. Kim Paffenroth, *Judas: Images of the Lost Disciple*, Westminster John Knox, Louisville, 2002.

VI. Klassen, *Judas*, 48.

VII. *A Greek-English Lexicon of the New Testament and Other Early Christian Literature*, traduction et adaptation de la 4e édition revue et augmentée du *Griechisch-Deutsches Wörterbuch zu den Schriften des Neuen Testaments und der übringen urchristlichen Literatur,* de Walter Bauer, par William F. Arndt et F. Wilburg Gingrich, 2e édition revue et augmentée par F. Wilbur Gingrich et Frederick W. Danker, de la 5e édition de Bauer, The University of Chicago Press, Chicago et Londres, 1958).

VIII. Klassen, *Judas*, 74.

IX. Il s'agit en fait d'un extrait de *Za* 11, 12-13.

X. Klassen, *Judas.*

Chapitre 3 : Le Judas gnostique

I. Irénée, *Contre les hérésies*, I.31.1.

II. Épiphane, *Panarion*, 37.3.4-5 ; 6.1-2 ; 38.1.5.

III. Henri-Charles Puech, révisé après sa mort par Beate Blatz, dans *New Testament Apocrypha,* édition révisée, Éd. Wilhelm Schneemelcher, traduction anglaise, Éd. R. McL. Wilson, I: *Gospels and Related Writings* (James Clarke & Co, Cambridge et Westminster/John Knox, Louisville, 1991), 386-387.

IV. *The Testimony of Truth*, Nag Hammadi Codex IX, Traité 3, 45, 23-48, 15.

V. James M. Robinson, Secrétaire permanent du Comité International pour les *Codices de Nag Hammadi*, nommé par l'Unesco et désigné par la République arabe d'Égypte, *The Facsimile Edition of the Nag Hammadi Codices,* douze volumes, 1972-84.

VI. Voir mon analyse détaillée dans *The Facsimile Edition of the Nag Hammadi Codices: Introduction,* E. J. Brill, Leiden, 1984.

VII. Ralph Pöhner, « *Judas der Held* » *Facts: Das Schweitzer Nachrichtenmagazin,* 6 janvier 2005. 76-79.

VIII. Réédité dans James M. Robinson, *The Sayings Gospel Q: Collected Essays,* éd. Christoph Heil et Joseph Verheyden, BETL 189, University Press et Uitgeverij Peeters, Louvain, 2005, 711-883.

IX. Voir mes « Évaluations ». *Q 12:49-59: Children against Parents – Judging the Time – Settling out of Court.* Documenta Q: Reconstitutions de Q à travers deux siècles de recherches sur l'Évangile, extraits triés et étudiés, Peeters, Louvain, 1997.

X. *The Fitfth Gospel: The Gospel of Thomas Comes of Age,* Steven J. Patterson et James M. Robinson, avec une nouvelle traduction de Hans Gebhard Bethge et al. (Trinity Press International, Harrisburg, 1998).

XI. La Bibliothèque de Nag Hammadi en anglais, traduite par les membres du Coptic Gnostic Library Project de l'Institute for Antiquity and Christianity, sous la dir. de James M. Robinson et Marvin W. Meyer, E. J. Brill, Leiden, 1977, (édition de poche, 1984) ; Harper & Row, San Francisco, 1977, (édition de poche, 1981).

XII. *The Gospel of Philip,* Nag Hammadi Codex II, Traité 3, 73, 8-19.

XIII. *The Gospel of the Egyptians*, Nag Hammadi Codex III, Traité 2, 40, 12-13. Seconde copie plus fragmentée dans le Codex IV, Traité 2.

XIV. *The Gospel of the Egyptians*, Nag Hammadi Codex III, Traité 2, 69, 18-20.

XV. *The Gospel of the Egyptians*, Nag Hammadi Codex III. Traité 2, 69, 6-17.

XVI. *The Gospel of Truth*, Nag Hammadi Codex I, Traité 3, 16, 31-34.

XVII. A. J. Droge et J. D. Tabor, *A Noble Death: Suicide and Martyrdom among Christians and Jews in Antiquity* (HarperSanFrancisco, San Francisco, 1992), cité par Klassen, *Judas*, 168 et 175.

XVIII. William Klassen, *Judas: Betrayer or Friend of Jesus?* (Fortress, Minneapolis, 1996) 47, citant Augustin, *La Cité de Dieu* 1.17 et *Sermon* 352.3.8, (*Patrologia latina*, 39 :1559-63).

XIX. Traduction, par Morton S. Enslin, « *How the Story Grew: Judas in Fact and Fiction* » dans *Festschrift in Honor of F. W. Gingrich*, éd. E. H. Barth et R. Cocroft (Brill, Leiden, 1972), citée par Klassen, *Judas*, 173.

XX. Cité par Klassen, *Judas*, 7.

XXI. Klassen, *Judas*, 18-20.

XXII. Roger Thiede, « *Das JUDAS-Evangelium* », *Focus* 13, 2005, 116.

XXIII. Thiede, « *Das JUDAS-Evangelium* », 116.

XXIV. Traduction anglaise de M.E. Heine (Hutchinson, Londres, 1977).

XXV. Michael Dickinson, *The Lost Testament of Judas Iscariot* (Brandon, Dingle, 1994).

XXVI. Ernest Sutherland Bates, *The Gospel of Judas* (William Heinemann, Londres, 1929). D'abord publié en 1928 aux États-Unis sous le titre *The Friend of Jesus* (Simon & Schuster, New York, 1928). Mais *The Gospel of Judas* est le titre original de Bates.

XXVII. Hugh S. Pyper, « *Modern Gospels of Judas: Canon and Betrayal* », *Literature & Theology* 15 (2001): 111-22.

Chapitre 4 : L'Évangile de Judas refait surface à Genève

I. Roger Thiede, « *Das JUDAS-Evangelium* », 114.

II. Ralph Pöhner, « *Judas der Held* » *Facts: Das Schweitzer Nachrichtenmagazin* (6 Janvier 2005) : 76-79.

III. Thiede, « *Das JUDAS-Geheimnis* », *Focus* 13 (2005) : 107-16.

IV. Malcolm Macalister Hall, « *The Gospel of Truth* », *The Sunday Review: The Independent on Sunday* (5 juin 2005) : 24-26, 28, 31.

V. Henk Schutten, « *The Hunt for the Gospel of Judas* », in le journal hollandais *Het Parool*, traduit par Michel Van Rijn sur son site www.michelvanrijn.nl/artnews/parool-transI.htm (16 février 2006) également disponible sur www.tertullian.org./rpearse/manuscripts/gospel_of_judas/ (16 février 2006), donne une image erronée de l'implication de la Southern Methodist University : « Emmel, un coptologue américan renommé, et le papyrologue allemand Ludwig Koenen fut envoyé (sic !) de Dallas à Genève par la Southern Methodist University pour jeter un œil sur des manuscrits mis en vente sous le manteau. »

De même, Ralph Pöhner, dans « Judas, der Held », *Facts*, 6 janvier 2005, 76-79 : 78 : « La Southern Methodist University de Dallas a manifesté un intérêt ; en mai 1983, elle envoie Koenen à Genève avec le coptologue Stephen Emmel. »

VI. Hans Jonas, *The Gnostic Religion*, Beacon Press, Boston, 1958, 1963, 1991, 2001.

VII. Stephen Emmel, « *The Nag Hammadi Codices Editing Project: A Final Report* », American Research Center in Egypt, *Newsletter* 104 (1978) : 10-32.

VIII. « *Ein anderes Frühchristentum ?* », interview de Stephen

Emmel par Roger Thiede, publiée dans *Focus* 13 (2005) : 118-19 : 118.

IX. Malcolm Macalister Hall, « *The Gospel of Truth* », in *The Independent on Sunday*, 5 juin 2005, 24-31 : 26.

X. Henk Schulten, « *The Hunt for the Gospel of Judas.* »

XI. Dans l'interview avec Thiede, *« Ein anderes Frühchristentum ? »*, 118.

XII. Cité par Pöhner, dans « *Judas, der Held* », 78.

XIII. L'existence de ce travail dans le codex avait déjà été découverte par Ludwig Koenen grâce à quelques photographies que les marchands lui avaient envoyées après lui avoir proposé de lui montrer l'objet qu'ils vendaient. Koenen avait communiqué ces éléments à Gerald M. Brown de la University of Illinois, à Champaign-Urbana, afin de faire déchiffrer et traduire les passages à peine lisibles.

XIV. Pour plus de détails, voir la communication que j'ai présentée à la conférence annuelle de la Society of Biblical Literature of Philadelphia le 20 novembre 2005 : « *From The Nag Hammadi Codices to* The Gospel of Mary *and* The Gospel of Judas », publiée comme article ponctuel 48 par The Institute for Antiquity and Christianity, Claremont Graduate University, Claremont, Californie, 2006.

XV. Cité dans ma préface à la réedition de W.E. Crum, *A Coptic Dictionnary* (Wipf and Stock Publishers, Eugene, 2005). Se trouve à la septième page non numérotée dans la préface de Crum. La préface a été reproduite dans *Coptica*, journal de la Saint Mark Foundation and Saint Shenouda the Archimandrite Coptic Society, Los Angeles, 2006, publication en cours.

XVI. Stephen C. Carlson, *Hypotyposeis: Sketches in Biblical Studies*, www.hypotyposeis.org/weblog/2005/03/gospel-of-judas-in-news_29.html, « *Gospel of Judas in the News, Last Updated: April 7, 2005* ».

XVII. James M. Robinson, « *The Discovery of the Nag Ham-*

madi Codices », *Biblical Archeologist* (42 : 4, automne 1979) : 206-24 : 214.

XVIII. Henk Schutten, « *Your life is at stake with this manuscript* », in le journal hollandais *Het Parool*, traduit par Michel Van Rijn sur son site Web, www.michelvanrijn.nl/artnews/parool-transI.htm (16 février 2006), disponible également sur www.tertullian.org/rpearse/manuscripts/gospel_of_judas/ (16 février 2006).

XIX. L'article néerlandais, « *Judasevangelie niet van Judas* », catalogué « *From Michel van Rijn, 1st April 2005*, issu de www.katholieknieuwsblad.nl/ », est aussi disponible sur www.tertullian.org/rpearse/manuscripts/gospel_of_ judas/. La traduction est sans doute de Van Rijn.

XX. *The Facsimile Edition of the Nag Hammadi Codices : Introduction*, 21.

XXI. Michel Van Rijn sur son site Web, www.michel vanrijn.nl/artnews/, 9 décembre 2001, disponible sur www.tertullian.org/rpearse/manuscripts/gospel_of_judas/ (16 Février 2006).

XXII. Hans-Gebhard Bethge, « *The Letter of Peter to Philip* », in *New Testament Apocrypha, I: Gospels and Related Writings* (Wilhelm Schneemelcher, Louisville et John Knox, Westminster, 1991), 342, et 347, n° 2.

XXIII. Marvin W. Meyer, « *NHC VIII, 2: The Letter of Peter to Philip: Introduction* » dans *Nag Hammadi Codex VIII* (éd. John H. Sieber ; The Coptic Gnostic Library/Nag Hammadi Studies 31; E.J. Brill, Leiden, New York, Copenhague, Cologne, 1991), 227-32. Cet énoncé figure également en conclusion à l'Introduction de *The Letter of Peter to Philip* dans *The Nag Hammadi Library in English.*

XXIV. Michel Van Rijn sur son site www.michelvan rijn.nl/artnews/, septembre, 2001, disponible aussi sur www.tertullian.org/rpearse/manuscripts/gospel_of_judas/ (16 février 2006).

XXV. Roger Thiede ; « *Das JUDAS-Evangelium* » *Focus* 13 (6 mars 2005) : 108-16.

XXVI. Thiede, « *Das JUDAS-Evangelium* », 109.

XXVII. Thiede, « *Das JUDAS-Evangelium* », 109.

XVIII. Thiede, « *Das JUDAS-Evangelium* », 109-10.

XXIX. Michel Van Rijn sur son site www.michelvan rijn.nl/artnews/ (16 février, 2006), disponible aussi sur www.tertullian.org/rpearse/manuscripts/gospel_of_judas/ (16 février 2006).

Chapitre 5 : L'Évangile de Judas mis à l'encan

I. Roger Thiede, « *Das JUDAS-Evangelium* », *Focus* 13, 2005, 110.

II. Ralph Pöhner, « *Judas, der Held* », *Facts*, 6 janvier 2005, 78.

III. Robert Macalister Hall, « *The Gospel of Truth* », in *The Independent on Sunday*, 5 juin 2005, 26.

IV. Pöhner, « *Judas, der Held* », 78.

V. Roberty, dans son interview avec Stacy Meichtry, correspondant du service de presse du Vatican, 13-14 février 3006.

VI. Michel Van Rijn, décembre 2004, sur son site www.michelvanrijn.nl/artnews/ (16 février, 2006), disponible également sur www.tertullian.org/rpearse/manuscripts/gospel_of_judas/ (16 février 2006).

VII. Thiede, « *Das JUDAS-Evangelium* », 111.

VIII. Pöhner, « *Judas, der Held* », 78.

IX. Michel Van Rijn sur son site www.michelvanrijn.nl/artnews/ (16 février 2006), disponible aussi sur www.tertul lian.org/rpearse/manuscripts/gospel_of_judas/ (16 février 2006).

X. Michel Van Rijn sur son site www.michelvanrijn.nl/artnews/ (16 février 2006), disponible aussi sur www.tertullian.org/rpearse/manuscripts/gospel_of_judas/ (16 février 2006).

XI. Apparemment, cette lettre disponible sur le site Web de Rijn, est la source de l'enquête de Pöhner, « *Judas, der Held* », 78. « Quelques années plus tard, un autre Américain s'intéressa à cette affaire : James Robinson... Il convint avec l'Égyptien d'un montant d'environ 900 000 dollars et accepta un rendez-vous à New York. »

« Je n'ai jamais rencontré l'Égyptien et n'ai jamais convenu d'un prix avec lui ni avec Perdios. »

XII. Dans les e-mails que m'a adressés Charles W. Hedrick, datés du 24 janvier et du 3 février 2006.

XIII. Pöhner, « *Judas, der Held* », 77.

XIV. Charles W. Hedrick, « *The ~~Four~~ 34 Gospels: Diversity and Division Among the Earliest Christians* », *Bible Review* 18.3 (juin 2002) : 20-31, 46-47 : 26 ; Charles W. Hedrick, « *The Secret Gospel of Mark: Stalemate in the Academy* », *Journal of Early Christian Studies* 11.2 (été 2003) : 133-145 : 139.

XV. Pöhner, « *Judas, der Held* », 78-79.

XVI. Thiede, « *Das JUDAS-Evangelium* », 110.

XVII. Charles W. Hedrick et Paul Mirecki, *The Gospel of the Redeemer*, Polebridge, Santa Rosa, Calif., 1999.

XVIII. Disponible sur le site Web de Michel Van Rijn, 27 avril 2005, www.michelvanrijn.nl/artnews/ (16 février 2006), disponible également sur www. tertullian.org/rpearse/manuscripts/gospel_of_judas/ (16 février 2006).

XIX. Sur le site www.michelvanrijn.nl@artnews.

XX. Thiede, « *Das JUDAS-Evangelium* », 111.

XXI. Voir le site Web de Michel Van Rijn, 8 avril 2005, www.michelvanrijn.nl/artnews/ (16 février 2006), disponible aussi sur www.tertullian. org/rpearse/manuscripts/gospel_of_judas/ (16 février 2006).

XXII. Voir le site Web de Michel Van Rijn, 9 décembre 2001, www.michelvanrijn.nl/artnews/ (16 février 2006), disponible aussi sur www.tertullian.org/rpearse/manuscripts/gospel_of_judas/ (16 février 2006).

XXIII. Hall, « *The Gospel of Truth* », 26.

XXIV. Henk Schutten, « *The Hunt for the Gospel of Judas* », Michel Van Rijn sur son site www.michelvanrijn.nl/artnews/parool.transI.htm (16 février 2006) disponible aussi sur www.tertullian.org/rpearse/manuscripts/gospel_of_judas/ (16 février 2006).

XXV. Thiede, « *Das JUDAS-Evangelium* », 111, 113.

XXVI. Michel Van Rijn, sur son site Web, décembre 2004, www.michelvanrijn.nl/artnews/ (16 février 2006), disponible aussi sur www.tertullian.org/rpearse/manuscripts/gospel_of_judas/ (16 février 2006).

XXVII. Thiede, « *Das JUDAS-Evangelium* », 113.

XXVIII. Thiede, « *Das JUDAS-Evangelium* », 113.

XXIX. Thiede, « *Das JUDAS-Evangelium* », 114,

XXX. Thiede, « *Das JUDAS-Evangelium* », 114.

XXXI. Schutten, « *The Hunt for the Gospel of Judas* ».

XXXII. Schutten, « *The Hunt for the Gospel of Judas* ».

XXXIII. Hedrick, dans un e-mail à mon intention du 28 janvier, 2006.

XXXIV. Hedrick, dans une lettre par e-mail du 6 février 2006.

XXXV. Hedrick, dans une lettre par e-mail du 6 février 2006.

XXXVI. Hedrick, dans une lettre par e-mail du 1er février 2006.

XXXVII. Hedrick, dans des lettres par e-mail des 6 et 18 février 2006.

XXXVIII. Hedrick, dans un e-mail du 7 février 2006.

XXXIX. Hedrick, dans une lettre par e-mail du 18 février 2006.

XL. Pöhner, « *Judas, der Held* », 77.

XLI. Thiede, « *Das JUDAS-Evangelium* », 112.

XLII. Thiede, « *Das JUDAS-Evangelium* », 113.

XLIII. Schutten, « *Is there a copy in the Vatican?* », Michel Van Rijn, sur son site Web, décembre 2004, www.michelvanrijn.nl/artnews/parool.transI.htm (16 février 2006), disponible aussi sur www.tertullian.org/rpearse/manuscripts/gospel_of_judas/ (16 février 2006).

XLIV. Schutten, « *The Shady Side of the Art Trade* ».

VL. Schutten, « *The Shady Side of the Art Trade* ».

VLI. Roberty, dans une interview avec Stacy Meichtry, correspondant au Vatican du Religion News Service, 13-14 février 2006.

VLII. Thiede, « *Das JUDAS-Evangelium* », 109 : « 16 x 29 cm ».

VLIII. Thiede, « *Das JUDAS-Evangelium* », 109.

Chapitre 6 : Publication et signification de l'Évangile de Judas

I. Roberty, dans son mémorandum à Kaufman du 15 décembre 2000.

II. Voir mon essai, « *The Discovering and Marketing of Coptic Manuscripts: The Nag Hammadi Codices and the Bodmer Papyri* », in *Sundries in honour of Torgny Säve-Söderbergh, Acta Universitatis Uppsaliensis, Boreas: Uppsala Studies in Ancient Mediterranean and Near Eastern Civilizations* 13 (1984) : 97-114, réédité dans *The Roots of Egyptian Christianity*, éd. par Birger A. Pearson and James E. Goehring, *Studies in Antiquity and Christianity* (Fortress, Philadelphie, 1986) 1-25 ; et *The Pachomian Monastic Library at the Chester Beatty Library and the Bibliothèque Bodmer*, Publications ponctuelles 19 (The Institute for Antiquity and

Christianity, Claremont, Calif., 1990), repris dans *The Role of the Book in the Civilizations of the Near East, Manuscripts of the Middle East* 5 (1990-1991 [1993]) : 26-40.

III. Site Web de Michel Van Rijn, www.michelvanrijn.nl/artnews/ (16 février 2006), disponible aussi sur www.tertullian.org/rpearse/manuscripts/gospel_of_judas/ (16 février 2006).

IV. Michel Van Rijn, www.michelvanrijn.nl/artnews/ (16 février 2006), disponible aussi sur www.tertullian.org/rpearse/manuscripts/gospel_of_judas/ (16 février 2006).

V. Site Web de Michel Van Rijn, 1er avril 2005,

VI. Une première version intitulée « *From The Nag Hammadi Codices to The Gospels of Mary and Judas* », a été publiée dans le journal copte *Watani International* le 10 juillet 2005, p. 2, Éd. Saad Michael Saad. Il a été actualisé et présenté dans le cadre du thème suivant : « Comment Nag Hammadi a changé le monde du christianisme primitif », dans la section Nag Hammadi et la Gnose lors de l'Assemblée annuelle de la Society of Biblical Literature de Philadelphie, le 20 novembre 2005. Une mise à jour mineure de cette communication a été publiée en février 2006, « *From the Nag Hammadi Codices to* The Gospel of Mary *and* The Gospel of Judas », Publications ponctuelles 48 (The Institute for Antiquity and Christianity, Claremont, Calif., 2006).

VII. Patrick Jean-Baptiste, *Sciences et Avenir*, 707 (janvier 2006) : 38-45 : « L'Évangile de Judas », 38-40, et « Les tribulations d'un manuscript apocryphe », 41-45.

VIII. Patrick Jean-Baptiste, « Les tribulations d'un manuscrit apocryphe », 41.

IX. Patrick Jean-Baptiste, « L'Évangile de Judas », 38.

X. De l'interview de Stephen Emmel par Roger Thiede, « *Ein anderes Frühchristentum ?* », in *Focus* 13 (2005), 118-19 : 119.

XI. Ralph Pöhner, « *Judas, der Held* », *Facts*, 6 janvier 2005, 79.

XII. Pöhner, « *Judas, der Held* », 79.

XIII. Roger Thiede, « *Das JUDAS-Evangelium* », *Focus* 13, 2005, 114-15.

XIV. Stephen C. Carlson, « *Gospel of Judas in the News, Last Updated: April, 2005* », www.hypotyposeis.org/weblog/2005/03/gospel-of-judas-in-news_29.html

XV. Pöhner, « *Judas, der Held* », 79.

XVI. Résumé dans James M. Robinson, *The Gospel of Jesus*, Harper, San Francisco, 2005), 75-77.

XVII. Robert H. Eisenman et James M. Robinson, *A Facsimile Edition of the Dead Sea Scrolls*, Biblical Archaeology Society, Washington, DC, 1991, 2e édition révisée, 1992).

XVIII. Pour de plus amples détails, voir James M. Robinson, *The French Role in Early Nag Hammadi Studies 1946-1953*, Bibliothèque copte de Nag Hammadi, section Études (Peeters, Louvain, à paraître), et, résumé, « *The French Role in Early Nag Hammadi Studies* », *The Journal of Coptic Studies* 7 (2005) : 1-12.

XIX. *La Bourse Égyptienne*, 10 juin 1949.

XX. *The Nag Hammadi Library in English*, James M. Robinson et Marvin W. Meyer, E.J. Brill, Leiden, 1977 et Harper & Row, San Francisco, 1977.

Chapitre 7 : Le grand déballage de Pâques 2006

I. James M. Robinson, « *Nag Hammadi: The First Fifty Years* », in *The Fifth Gospel: The Gospel of Thomas Comes of Age*, Stephen J. Patterson, James M. Robinson et Hans Gebhard Bethge (Trinity Press International, Harrisburg, 1998), p. 77-110, 5e partie. « *The New Ethos for Handling Manuscript Discoveries* », p. 95-99.

II. Voir « *The Jung Codex: The Rise and Fall of a Monopoly* », *Religious Studies Review* 3 (janvier 1977), p. 17-30.

III. Robert H. Eisenman et James M. Robinson, *A Facsimile Edition of the Dead Sea Scrolls*, 2 vol., Biblical Archeological Society, Washington, 1991 ; éd. revue et corrigée, 1992.

IV. Par pure coincidence, j'ai prononcé une allocution proposant de telles règles le week-end où la Huntingdon Library a fait son annonce ; elle a été largement diffusée depuis : *Manuscript Discoveries of the Future*, avec une annexe contenant la page titre, la table des matières, l'introduction et des échantillons de planches hors-texte de *A Facsimile Edition of the Dead Sea Scrolls*, éd. J.L.Reed, The Institute for Antiquity and Christianity, Publications ponctuelles 23 (IAC, Claremont, 1991) ; version abrégée par James M. Robinson, « *Avoiding Another Scrolls Access Furor* », *Los Angeles Times*, 28 septembre 1991, sec. F, p. 13-14 ; version abrégée : « *Handling Future Manuscript Discoveries* », *Biblical Archaeologist* (décembre 1991), p. 235-40 ; version abrégée par Hershel Shanks, « *What We Should Do Next Time Great Manuscripts Are Discovered* », *Biblical Achaeological Review* 18, n° 1 (jan-fév. 1992), p. 66-70 ; republiée in extensor dans la revue *Zeitschrift für Papyrologie und Epigraphik* 92 (1992), p. 281-96.

TABLE DES MATIÈRES

Direction littéraire
Huguette Maure

et

Anne Lavédrine

IMPRIMÉ AU CANADA